市域快轨交通行车组织设计

陈福贵　缪道平　徐吉庆　赵　壹　谭小土　著

向　红　主审

人民交通出版社股份有限公司

北　京

内 容 提 要

本书对市域快轨交通行车组织设计理论与方法进行了研究，主要内容包括：绪论、国内外研究现状、车辆选型及行车组织设计参数、快慢车模式、跨线运营模式、超长隧道防灾救援措施、运营管理、研究结论及展望。

本书可供市域快轨交通规划、设计、建设人员和运营管理人员参考使用。

图书在版编目(CIP)数据

市域快轨交通行车组织设计创新与实践/陈福贵等著. —北京：人民交通出版社股份有限公司，2022.7

ISBN 978-7-114-17954-9

Ⅰ.①市… Ⅱ.①陈… Ⅲ.①城市铁路—行车组织—设计 Ⅳ.①U239.5

中国版本图书馆 CIP 数据核字(2022)第 080654 号

Shiyu Kuaigui Jiaotong Xingche Zuzhi Sheji Chuangxin yu Shijian

书　　名：市域快轨交通行车组织设计创新与实践

著 作 者：陈福贵　缪道平　徐吉庆　赵　壹　谭小土

责任编辑：张一梅

责任校对：孙国靖　魏佳宁

责任印制：张　凯

出版发行：人民交通出版社股份有限公司

地　　址：(100011)北京市朝阳区安定门外外馆斜街 3 号

网　　址：http://www.ccpcl.com.cn

销售电话：(010)59757973

总 经 销：人民交通出版社股份有限公司发行部

经　　销：各地新华书店

印　　刷：北京虎彩文化传播有限公司

开　　本：787 × 1092　1/16

印　　张：8.75

字　　数：207 千

版　　次：2022 年 7 月　第 1 版

印　　次：2023 年 7 月　第 2 次印刷

书　　号：ISBN 978-7-114-17954-9

定　　价：50.00 元

前　言

“十三五”时期，在国家宏观政策的指导下，我国城市轨道交通发展建设取得了巨大成就。城市轨道交通运营里程数持续增长，并且形成了多层次、多功能、多制式协同发展的良好态势。截至2020年底，我国共有45个城市开通轨道交通运营线路，运营线路共计244条，总长度7969.7km（未含港澳台地区数据）。

市域快轨交通（以下简称“市域快轨”）作为城市轨道交通体系中的重要组成部分，主要服务于城市郊区与周边新城、城镇与中心城区联系，具有长距离、大运量、快速、高密度、公交化等特点。随着我国城镇化进一步发展以及“职住分离”现象不断凸显，人们对市域快轨的出行需求也在持续增长。截至2020年底，我国市域快轨运营里程约有819.6km，占轨道交通总里程的10.3%；在建里程约490km，规划里程超过752km，市域快轨正呈现蓬勃发展的态势。

中铁二院工程集团有限责任公司（以下简称“中铁二院”）地铁院行车组织专业团队于2008年起先后参与了深圳市城市轨道交通11号线，东莞轨道交通2号线，成都轨道交通17号线、18号线、19号线等市域快轨的总体设计工作，多个线路已相继通车运营，具有丰富的市域快轨设计经验。2018年，中铁二院立项开展了《市域快线行车组织与运营管理关键技术研究》[KYY2018020(18-20)]的科研工作，通过开展广泛的国内外案例调研，系统研究了市域快轨的主要技术标准，并提出了市域快轨行车组织设计关键技术和方法。该科研项目于2020年通过了四川省科学技术信息研究所组织的专家评审，鉴定结果：科研成果总体达到国内领先水平，其中不等速快慢车系统能力计算方法、超长隧道防灾救援措施等研究成果达到国际先进水平。

为了更好地总结市域快轨行车组织设计理论与方法，我们基于上述研究成果，并结合项目实际应用进行了进一步思考，撰写了本书，希望对我国未来市域快轨的规划设计和建设运营提供一些指引，对业内同仁有所启发和帮助。

本书在撰写过程中，得到了中铁二院副总工程师张海波、方昌福，中铁二院地铁院党委书记柴家远、院长喻波、总工程师周明亮等领导的精心指导；中铁二院地铁院苟波、周华龙、周旭、张超、陈阳、郭昶、陈明亮、史册、温念慈、张倩璐、苟红松等领导和同事给予了许多帮助。本书引用了相关文献资料，在此向其作者表示诚挚的谢意。

市域快轨行车组织设计是一项庞大的系统工程，限于作者经验和水平，本书内容难免有不足之处，敬请读者批评指正。

作 者

2022 年 4 月

目　录

1 绪论

1.1 研究背景及意义

我国城市轨道交通建设经历了近60年的发展，尤其是在21世纪以后，用大约15年的时间走过了发达国家100年的发展历程。随着国家新型城镇化规划实施，城市空间不断拓展，许多城市的城市轨道交通骨干线已经建成网络，需要向郊区或卫星城建设快速联系通道。同时，随着城市同城化进程的加快，城镇与中心城区需要建立快速轨道交通联系。这种主要服务于城市郊区和周边新城、城镇与中心城区联系，并具有通勤客运服务功能的中、长距离的大运量、快速、高密度、公交化城市轨道交通系统称为市域快轨交通（以下简称“市域快轨”）。

市域快轨的总体特点是站间距大、速度高、出行时间要求短、舒适度标准高、运营模式灵活等，具有与普速地铁不同的特征。

近几年来，随着最高运行速度达120～160km/h线路的开通运营，如深圳市城市轨道交通11号线、成都轨道交通18号线、北京地铁大兴机场线等，我国已经陆续发布了若干市域快轨的设计规范和导则，见表1-1。

已发布的市域快轨设计规范和导则　　表1-1

项目	《市域快速轨道交通设计规范》（T/CCES 2—2017）	《市域快速轨道交通规划与设计导则》（RISN—TG032—2018）	《市域快速轨道交通技术规范》（T/CAMET 01001—2019）	《市域（郊）铁路设计规范》（TB 10624—2020）
适用条件	适用于最高运行速度在120～160km/h范围内的钢轮钢轨市域快轨工程的设计	适用于市域行政区或规划区（或都市圈）的管辖范围，连接市区与外围组团之间，串联沿线主要城镇、枢纽点或新城开发区的市域快速客运走廊的城市轨道交通制式的规划与设计。对于既有线路改造，或跨越相邻城市的市域快线对接，可予参照应用	最高运行速度在100～160km/h范围内，旅行速度在50km/h及以上的多种城市轨道交通系统制式的新建、改建、扩建工程技术工作	本规范适用于新建设计速度100km/h～160km/h的标准轨距、交/直流电力牵引的市域（郊）铁路

续上表

项目	《市域快速轨道交通设计规范》(T/CCES 2—2017)	《市域快速轨道交通规划与设计导则》(RISN—TG032—2018)	《市域快速轨道交通技术规范》(T/CAMET 01001—2019)	《市域(郊)铁路设计规范》(TB 10624—2020)
速度范围	120 ~ 160km/h	100 ~ 160km/h	100 ~ 160km/h	100 ~ 160km/h
城际及市域铁路定义	市域快速轨道交通是一种主要服务于城市郊区和周边新城、城镇与中心城区联系，并具有通勤客运服务功能的中、长距离的大运量城市轨道交通系统，简称市域快轨	在市域行政管辖区域内，或规划区(或都市圈)范围内，连接于市区与外围组团之间，串联沿线主要城镇、枢纽点或新城开发区；采用最高运行速度为 100km/h、120km/h、140km/h、160km/h 的车辆；全程运行时间不大于1h；采用大站距、全封闭、电力牵引、钢轮钢轨系列，舒适度较高的城市轨道交通系统，简称为市域快线	市域快速轨道交通是主要服务于城市郊区和周边新城、城镇与中心城区联系，并具有通勤客运服务功能的中、长距离的城市轨道交通系统，简称市域快轨	为都市圈中心城市城区连接周边城镇组团及其城镇组团之间提供公交化、大运量、快速便捷的轨道交通系统，是城市综合交通体系的重要组成部分
适用车型	市域 A 型车、市域 B 型车和市域 D 型车	市域车 SK-A 型、市域车 SK-B 型	市域 A 型车、市域 As 型车、市域 B 型车、市域 D 型车、跨座式单轨车辆、中低速磁浮车辆	市域 A 型车、市域 B 型车、市域 C 型车、市域 D 型车

以上规范在市域快轨的涵盖范围、市域快轨服务标准、快慢车组织要求、互联互通规划设计、防灾救援模式等方面各有不同。为了明确市域快轨相关设计及参数取值依据，更好地指导今后市域快轨的行车组织设计，以便满足多样化的轨道乘客出行需求，有必要对市域快轨行车组织关键技术做进一步深入研究。

1.2 主要研究内容

本书研究的总体指导思想是采用系统工程的方法，将理论分析和生产实践密切结合，以理论分析、数值仿真为手段，为市域快轨行车组织设计提供理论依据。研究框架如图 1-1 所示。结合目前国内外研究现状，本书主要研究内容如下。

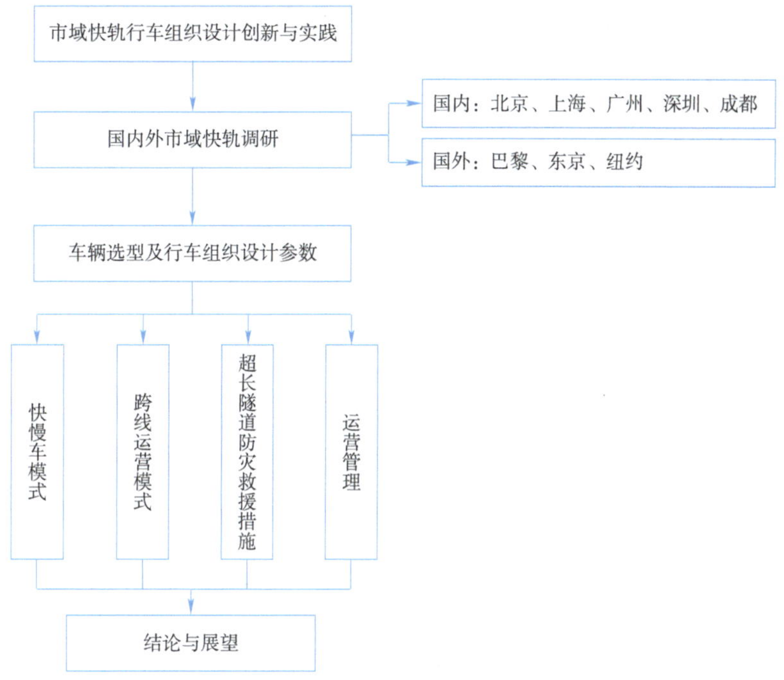

图 1-1　市域快轨行车组织设计创新与实践研究框架图

1.2.1　国内外市域快轨调研

市域快轨主要服务于城市市域范围，加强城市中心区与都市圈或市域外围组团联系，在功能定位、客流特征、线路条件、车辆制式、行车组织模式、强/弱电系统配置、运营管理模式等方面，与普速地铁存在显著的差异。

本书在编写过程中，充分调研了国内外市域快轨的特点，如日本筑波快线、纽约地铁、北京地铁大兴机场线、上海轨道交通 16 号线、成都轨道交通 18 号线、深圳市城市轨道交通 11 号线等，总结了市域快轨各系统设计及运营相关经验。

1.2.2　车辆选型及行车组织设计参数

1）车辆选型

通过对市域快轨车辆参数特点、适用性及供电制式等方面进行分析，提出了市域快轨车辆选型需要考虑的内容及指标建议。

2）最高运行速度

市域快轨最高运行速度的选择首先应考虑时间目标，并根据线路条件充分考虑速度效率及工程投资等因素，提出市域快轨确定最高运行速度的影响因素。

3）站立标准研究

站立标准是衡量乘客服务水平最直接的因素，本节结合立席密度与舒适度的关系、国内外站立标准调研情况以及站立标准与运能的关系等因素，根据乘客可接受程度，得出了乘客不同在车时间下动态的站立标准。

4）列车运行间隔

市域快轨线路较长，通常连接了城市核心区域和市区外围组团，其一端或两端一般处于市区外围。为了减低运营成本，市区外围线路的行车密度可根据客流情况适当降低。本书根据相关规范、标准及典型案例经验，对系统最小行车间隔及初期最小行车间隔做了相应的建议。

5）停车线间距

通过对上海、广州、深圳等地轨道交通运营公司进行调研，明确市域快轨的列车故障解除时间、列车连挂方式、故障救援推送方式和列车最大推送速度等与停车线设置标准相关的技术参数，提出配线设置影响因素，在此基础上结合列车故障解除的时间要求，提出市域快轨的配线设置间隔标准。

6）节能坡设计

目前，国内普速地铁线路节能坡长度、坡度等参数的研究成果较为成熟，也得到了广泛的应用。然而，对于更高速度目标值的市域快轨，节能坡的长度要适当增加，以保证列车出站尽快达到最高运行速度，同时列车进站尽快减速至零，从而达到节约能耗的目的。因此，本书结合工程经验和列车模拟牵引计算，对市域快轨采用不同最高运行速度的列车所对应的节能坡坡长、坡度和坡型等参数进行了研究。

1.2.3 快慢车模式

快慢车模式下市域快轨行车组织设计与实践内容主要包含：等速快慢车模式相关研究理论、不等速快慢车模式系统能力理论、快慢车运营模式相关系统配置以及应用案例四个方面。

1）等速快慢车模式相关研究理论

等速快慢车模式相关研究理论主要出自中铁二院科研项目《城市轨道交通快慢车行车组织模式研究》［院计划 13164137（13-15）］中的相关研究成果，主要包括系统能力计算方法、快车停靠站及快慢车运力分配方法、越行点的确定方法、车站辅助配线方案研究四个方面。

2）不等速快慢车模式系统能力理论

本书提出的“不等速快慢车模式系统理论”是基于快慢车采用不同车型（快慢车最高运行速度不同）。系统能力损失不同于等速快慢车运行模式，不仅包括快车不停站所节约的时间，还包括快慢车在区间的走行时间差，即系统能力损失受快慢车的性能差异、区间的长度差异、线路条件差异等影响。

本书重点研究内容是在等速快慢车系统能力计算方法基础上，分析等速、不等速两种运营模式的差异，进而提出不等速快慢车模式在快慢车 1∶1 和非 1∶1 不同情况下的系统能力计算公式以及计算步骤。

3)快慢车运营模式相关系统配置

与普速地铁站站停模式相比,快慢车运营模式在越行站会存在快车不停车高速过站的情况,由此带来在各个专业及系统配置上存在一定的特殊性,在设计过程中应考虑灵活性和兼容性,本书对快慢车运营模式下限界、站台门、轨道、信号系统和车辆基地的配置特点进行了梳理。

4)应用案例

以成都轨道交通 19 号线为例,针对不等速快慢车模式,从运营模式、系统能力计算、辅助配线设置等方面进行应用案例分析。

1.2.4 跨线运营模式

本节针对市域快轨跨线运营模式特点,提出了跨线运营模式的适用条件,并研究了跨线节点规划方法、跨线交路设计、跨线节点车站配线设计、跨线各系统配置条件等方面的内容,最后对应用案例进行了分析。

1)跨线节点规划方法

本节从城市空间布局分析、线网规划与功能分析、换乘客流需求分析以及系统能力利用效率分析等方面提出了跨线节点的规划方法。

2)跨线交路设计

根据跨线节点在轨道交通线网中的位置,提出了“X”形、“Y”形和“∞”形三种跨线交路基础形态。

3)跨线节点车站配线设计

根据“X”形、“Y”形和“∞”形三种跨线交路基础形态,分别研究了相应跨线节点车站配线设计方案及其特点。

4)跨线各系统配置条件

针对跨线运营要求,从限界与站台门、道岔、信号以及车辆基地等方面,对各系统配置条件提出了建议。

5)应用案例

以成都轨道交通 18 号线、19 号线为案例,从系统制式选择、运营交路以及跨线运营节点等方面进行应用案例分析。

1.2.5 超长隧道防灾救援措施

市域快轨进入中心城区部分线路(或以隧道过山、过海)一般需采用地下线路,而超长区间隧道可能会存在同时间有多列车在区间运行的情况,给隧道区间疏散救援设计带来挑战,我国目前颁布的相关规范虽然提出区间疏散的基本要求,但其在系统性、完整性、可操作性等方面仍需完善。

本书首先对超长隧道的防灾救援特点进行了提炼,并总结了国内外研究现状,最后提出了超长隧道区间防灾救援方案思路。鉴于常规超长隧道防灾救援模式存在的不足，本书着重针对同一防火单元内，存在 3 列及以上列车追踪且无条件设置中间风井的超长隧道（长度一般在 6km 以上），通过对比分析不设独立疏散通道以及设独立疏散通道两种方案，从最大限度确保车辆及人员安全、提高救援效率、降低对线路运营的影响角度，提出了土建设计推荐方案以及相应的运营措施。

1.2.6 运营管理

目前，我国已运营的市域快轨线路数量逐渐增加，但是由于市域快轨设计标准不尽相同，尚未形成一套成熟的市域快轨运营管理体系。

本书针对市域快轨运营长度一般超过 50km、全程运行时间超过 1h 的特点，探讨了适合市域快轨的相关运营管理措施，包括客运管理（重点围绕客流组织）、乘务管理（如乘务员交接班及休息室设置标准）、票务管理（如票价制定标准）、维修管理（如检修作业方式、人员及维保组织等）。在此基础上，对市域快轨运营定员配置，包括调度、站务、乘务、检修等关键岗位配置标准进行了研究，并梳理出了各部门定员的影响因素，运用变量控制法对最高运行速度在 120 ~ 160km/h、站间距在 3.0 ~ 8.0km 范围内的市域快轨定员指标进行归纳总结。

2 国内外研究现状

2.1 国内市域快轨发展概况

截至2020年底,我国共有45个城市开通城市轨道交通运营线路,共计244条(未含港澳台地区数据),运营总长度7967.7km。其中,市域快轨运营线路819.6km,占比11%,另外在建市域快轨约490km,规划超过752km,如图2-1所示。

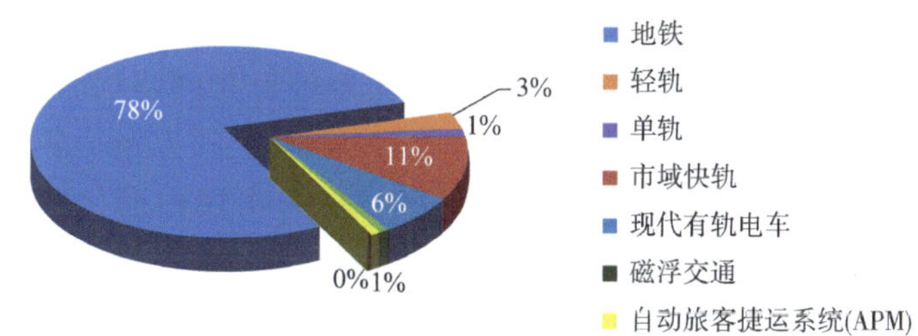

图2-1 2020年我国城轨交通运营线路制式结构情况

资料来源:中国城市轨道交通协会,《城市轨道交通2020年度统计和分析报告》,2020。

目前,我国市域快轨的建设模式主要有两种:一种是对既有铁路进行公交化运营的适应性改造,使其成为满足市域功能的轨道交通快轨;另一种是规划新建。由于我国超大城市和特大城市市域范围铁路运能裕量总体不足,从我国近10年的交通需求发展来看,新建市域快轨线路是主流趋势。本书探讨的为第二类型市域快轨的行车组织和运营管理的关键技术。

广州地铁3号线是国内最早开通的市域快轨,其规划为贯穿城市市域南北,主线59.6km,支线7.4km,列车最高运行速度120km/h,DC1500V供电,B型车,采用站站停、3辆编组和6辆编组混编的行车组织模式;一、二期工程分别于2005年12月、2010年12月开通后,根据运营组织的需要调整为3号线和3号线北延段(机场线)两条独立运营线路,线路分别长36.3km和30.8km;3号线东延段(番禺广场—海傍)计划于2023年12月建成试运营,线路全长9.6km。目前,正在研究将3号线的天河客运站—体育西支线(7.4km)进行拆分,与10号线贯通运营,拆分后的3号线从机场北至海傍站长约69.3km。

上海轨道交通16号线是国内第一条采用快慢车运营组织方式的市域快轨,2013年开通运营。该线北起龙阳路站,南至滴水湖站,全长 58.96km,其车辆采用最高运行速度 120km 的 A 型车,DC1500V 供电,6 辆编组。

近 5 年,北京、成都、温州等城市率先进行了不同类型的市域快轨建设运营尝试。北京地铁大兴机场线全长约 41.36km,目前开通的一期工程共设 3 座车站,最高运行速度 160km/h。温州轨道交通 S1 线是全国首条采用市域铁路制式的国家战略新兴产业示范工程,全长约 53.5km,设计时速 140km/h。这两条线路均采用 CRH6 动车组平台研发制造的市域 D 型车,供电制式为 AC25kV 架空柔性接触网。成都轨道交通 18 号线全长约 86.6km,目前开通一、二期工程,共 66.5km,设站 10 座,是轨道交通线网中集市域线与机场线功能为一体的复合型快线,采用快慢车运营组织方式,其车辆采用最高运行速度 140km 的市域 A 型车,供电制式为 AC25kV 架空柔性接触网。

同时,以重庆、成都为代表的一批城市在市域快轨互联互通探索方面也取得了一定成绩。重庆轨道交通已经开通运营的 4 号线、5 号线、10 号线、环线的信号系统均按照互联互通统一标准建设。经过 5 年的技术攻关、仿真测试和现场验证,以上 4 条线路已通过共线和跨线载客试运营专家评审。为实现不同快线线路间的互联互通,在成都轨道交通线网规划层面对市域铁路 S1 线、S3 线、S4 线、S7 线、S9 线、S12 线与城轨快线 13 号线、16 号线、17 号线、18 号线、19 号线的相交处 10 座车站预留了互联互通的条件。

总体来说,我国市域快轨的建设和运营尚处于起步阶段,相关项目对行车组织与运营管理方面的主要关键技术也都进行了尝试,主要涵盖旅行时间解决方案、直通性解决方案、灾害疏散解决方案等,但相关的规划理念、设计标准、设计方案尚需进一步规范和完善,进而满足市域快轨的健康发展需求,使之走向成熟,实现标准化和规范化的可持续发展。

2.1.1 典型城市市域快轨建设运营情况

市域快轨具有两个基本特征:首先是服务范围涵盖于市域内;其次是最高运行速度及平均旅行速度较高。市域快轨适用于中、长距离出行的客流,其规划线路一般较长,从我国的应用实例来看,市域快轨一般用于超大城市的放射线和特大城市的骨干线。以下介绍我国市域快轨建设中具有代表性的 5 个城市的适用案例。典型城市市域快轨 2020 年运营及在建线路规模、关键技术数据统计汇总见表 2-1。

2.1.2 市域快轨典型案例

1)北京地铁大兴机场线

北京地铁大兴机场线(以下简称“大兴机场线”)一期工程于 2019 年 9 月 26 日开通运营,是服务北京大兴国际机场航空客流的专用线路,北起丰台草桥,南至北京大兴机场,线路两端均预留有延伸条件。线路全长 41.4km,其中地下线 23.7km,其中地面线 7.1km,高架线 10.6km。共设 3 座车站,均为地下站,平均站间距约 20.7km,如图 2-2 所示。

典型城市市域快轨 2020 年运营及在建线路规模、关键数据统计汇总表

表 2-1

城市	线路	线路长度(km)	车站数量(座)	平均站间距(km)	敷设方式(km)		车辆选型	最高运行速度(km/h)	牵引受电制式	运营模式	盾构隧道内径(m)
					地上	地下					
北京	19 号线一期	22.4	9	2.8	0	22.4	地铁 A 型车	120	DC1500V	站站停	6.7
	22 号线(平谷线)	78.6	20	4.1	30.1	48.5	市域 D 型车	160	DC1500V/AC25kV 接触网	快慢车	7.9
	大兴机场线	41.4	3	20.7	17.7	23.7	市域 D 型车	160	AC25kV 接触网	站站停	7.9
上海	16 号线	59	13	4.9	45.3	13.7	地铁 A 型车	120	DC1500V 三轨	快慢车	单洞双线 10.2
	嘉闵线	41.6	15	2.97	16.8	24.8	CRH 动车组	160	AC25kV	站站停	7.9
	机场联络线	68.6	9	8.5	11.9	56.7	CRH 动车组	160	AC25KV	站站停	7.9
广州	3 号线	76.9	24	2.3	67.3	9.6	地铁 B 型车	120	DC1500V	站站停	5.4
	9 号线	20.1	11	2	0	20.1	地铁 B 型车	120	DC1500V 接触网	站站停	5.8
	14 号线	77.7	28	2.9	32.5	45.2	地铁 B 型车	120	DC1500V	快慢车	5.8
	18 号线	62.5	9	7.8	0	62.5	市域 D 型车	160	AC25kV	快慢车	7.7
	21 号线	61.5	21	3.1	19	42.5	地铁 B 型车	120	DC1500V 接触网/三轨	快慢车	5.8
	22 号线	31.8	8	4.5	0	31.8	市域 D 型车	160	AC25kV	快慢车	7.7
深圳	11 号线	51.7	18	3	12.3	39.4	地铁 A 型车	120	DC1500V 接触网	站站停	6
	14 号线	52.5	15	3.53	0	52.5	地铁 A 型车	120	DC1500V	站站停	6
成都	13 号线一期	28.8	19	1.5	2.5	26.3	市域 A 型车	140	AC25kV 接触网	站站停	7.5
	17 号线	55.3	27	2.1	0	55.3	市域 A 型车	140	AC25kV 接触网	站站停	7.5
	18 号线	86.7	20	4.6	16.2	70.5	市域 A 型车	140	AC25kV 接触网	快慢车	7.5
	19 号线	62.7	19	3.4	5.1	57.6	市域 A 型车	140/160	AC25kV 接触网	快慢车	7.5
	资阳线	39.02	7	6.32	28.09	10.93	市域 A 型车	160	AC25kV 接触网	站站停	7.5

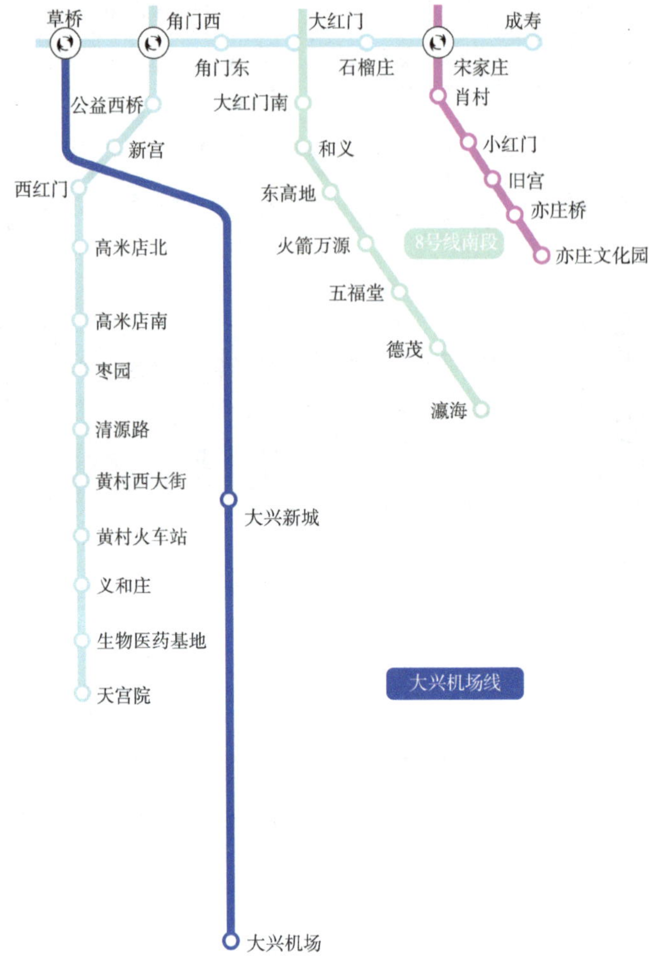

图 2-2　大兴机场线走向示意图

目前，大兴机场线二期工程（草桥站—丽泽站）已于 2019 年底动工，计划于 2022 年底建成。各站点与北京市多条轨道交通线路存在换乘关系，基本可实现一次换乘覆盖到全市所有重点功能区。各站与其他线路换乘关系见表 2-2。

各站与其他线路换乘关系　　表 2-2

车　站	换乘线路
丽泽站（在建）	与 11 号线、14 号线、16 号线换乘
草桥站	与 10 号线、19 号线换乘
大兴新城站	与规划 S6 线换乘
大兴机场站	与规划 R4 线、规划 S6 线、京霸城际、廊涿城际换乘

（1）主要技术标准

大兴机场线采用最高运行速度 160km/h 的市域 D 型车，采用 8 辆编组（1 辆商务车厢 + 1 辆行李车厢 +6 辆普通车厢），可实现中心城与大兴机场间半小时通达的时间目标。同时 2020 年 9 月，大兴机场线上线 4 辆编组列车（3 辆普通车厢 +1 辆商务车厢）。

该线主要技术标准见表 2-3。

主要技术标准 表 2-3

项　目	主要技术标准
车辆选型及编组	"7+1"4M4T 编组(含 1 辆商务车厢 +1 辆行李车厢)及 4 辆编组(含 1 辆商务车厢)形式。列车拥挤度不超 2 人/m²,载客量 609 人/列(座席 417 人/列)
设计最高速度	160km/h
系统设计能力	一期工程采用 15 对/h,二期工程扩能至 20 对/h
牵引供电制式	单相工频(50Hz)交流制、额定电压 25kV,架空接触网授电
信号系统	基于无线通信的列车自动控制系统(CBTC),具备全自动驾驶功能

(2)城市航站楼系统

目前,世界范围内城市航站楼运行最成功的案例为香港机场线。其中,香港站为机场线在市中心的端点站,该站可为机场线客流提供值机和行李托运服务,成为机场航站楼功能在市区的延伸,提升了机场线的客流吸引力和服务品质。通过分析,增设城市航站楼功能后,香港机场线客流提升了 20% 左右。

大兴机场线也采用了城市航站楼系统。目前,大兴机场线在草桥站设有城市航站楼,占地面积 400m²,设有两个柜台,旅客可以在航班起飞前 2～6h(其中,列车从草桥站运行至大兴机场站的旅行时间约 20min)直接在草桥站办理国内航班、国际航班的行李托运和值机手续。目前,行李处理流程为草桥站装行李、在大兴机场站卸行李,现有的装卸方式为人工作业,如图 2-3 所示。

图 2-3　草桥站城市航站楼功能服务区

随着大兴机场线北延至丽泽、南延至雄安以及未来的南航站楼建成,城市航站楼站点也将增加,届时将弃用原草桥站人工装卸方式。根据项目总体需求与功能规划,丽泽站、雄安航站楼站均将开办行李托运服务,且均为机械化装卸模式;而雄安航站楼站、南航站楼站两大航站楼也都将设置机械化装置,届时将形成两点(雄安航站楼站、丽泽站)对两点(南航站楼站、大兴机场站)的行李运输工况:以丽泽站出发列车为例,需在大兴机场站和南航站楼站均停靠,卸下丽泽站行李实箱、同时装上雄安航站楼站行李空箱,如图 2-4 所示。

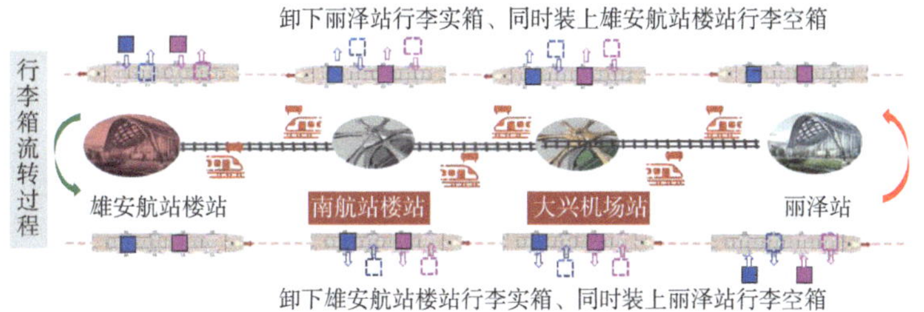

图 2-4　规划行李托运系统示意图

(3)全线车站配线

待二期工程建成后,大兴机场线车站配线方案如图 2-5 所示。其中,大兴机场站为侧式站后折返形式,利用正线延伸段形成两条折返线;草桥站采用相同的折返配线形式;丽泽站采用一岛一侧站后折返布置形式,配线设计能力满足 20 对/h 的折返需求。大兴新城车辆段设置双出入线,机场北停车场在区间接轨,设置不占正线双向收发车条件。

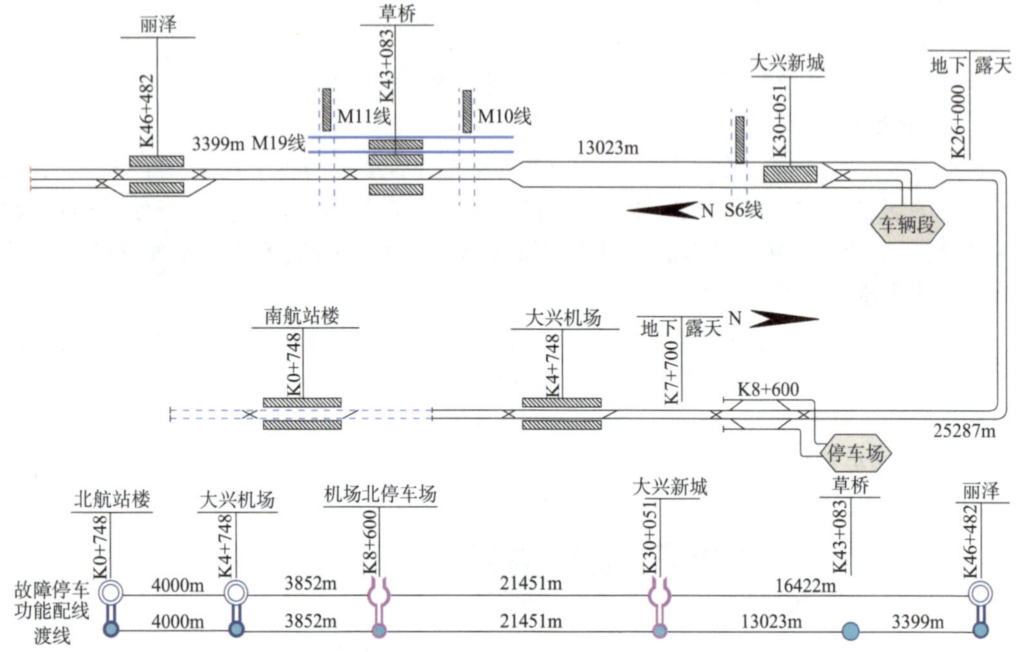

图 2-5 大兴机场线配线示意图

资料来源:北京城建设计发展集团股份有限公司,《雄安新区至北京大兴国际机场快线项目初步设计》,2020。

2)上海轨道交通 16 号线

上海轨道交通 16 号线为快慢车混跑的一条轨道交通线路,运营全长 59.3km,设 13 座车站。

在 2013 年底开通初期,上海轨道交通 16 号线曾推出“大站快车”运行模式,经过一段时间的试点,结合 16 号线当时的客流特征及乘客需求,缩短普通车间隔,暂时取消“大站快车”。2016 年 3 月,上海轨道交通 16 号线恢复开行“大站快车”(停靠龙阳路站、罗山路站、新场站、惠南站、滴水湖站 5 站)。2018 年 10 月,每逢节假日及双休日,增加临港大道站为上海轨道交通 16 号线大站快车停靠点。2018 年 11 月 16 日起,上海轨道交通 16 号线大站快车工作日增停临港大道站。2020 年 6 月 18 日起,上海轨道交通 16 号线工作日开行直达车,仅停靠龙阳路站、滴水湖站,直达车较站站停列车省时约 20min,较大站快车省时约 9min,如图 2-6 所示。

(1)建设背景

上海轨道交通 16 号线,即原 11 号线南段,是上海轨道交通线网中的一条放射线,北起龙阳路站,南至临港新城,全长 59.3km,其中,高架线 52.6km、地下线 6.7km。设有 13 座车站,包括 3 座地下车站及 10 座高架车站。2013 年底,开通罗山路站至滴水湖站,共计 11 站,运营线路长度 51.8km。

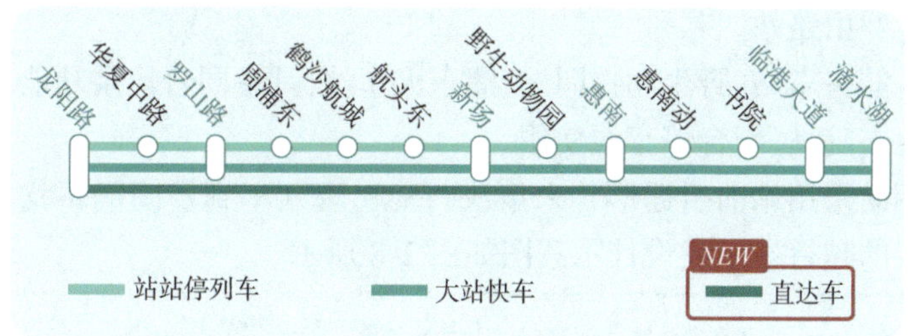

图 2-6 上海轨道交通 16 号线走向示意图

上海轨道交通 16 号线的建设主要是为了推动临港产业区的建设，16 号线南端末端的临港大道站和滴水湖站位于临港滴水湖城市中心，是临港产业区的核心服务中心，政府期望通过 16 号线的建设成为带动临港产业区整体发展的创智引擎。

(2)运营情况

工作日和节假日的高、平峰均开行站站停列车和大站快车两种车型，据 2019 年 1 月 26 日上海地铁官网信息显示，上海轨道交通 16 号线大站快车工作日往滴水湖方向时刻表见表 2-4。

大站快车工作日往滴水湖方向时刻表 表 2-4

班次	1	2	3	4	5	6	7	8
滴水湖站	07:43	08:14	10:37	12:16	14:05	15:47	17:33	19:15
临港大道站	07:40	08:11	10:34	12:14	14:02	15:45	17:30	19:12
惠南站	07:23	07:54	10:17	11:57	13:45	15:27	17:13	18:55
新场站	07:15	07:46	10:08	11:48	13:36	15:19	17:04	18:47
罗山路站	07:03	07:34	09:57	11:36	13:25	15:07	16:53	18:35
龙阳路站	06:57	07:28	09:50	11:30	13:18	15:01	16:46	18:29

根据上海轨道交通 16 号线客流的实际情况，目前该线开通运行三种类型的列车。第一类为大站快车(跨站停)，除首末站外，途中经停临港大道站、惠南站、新场站、罗山路站 4 站，单向全程旅行时间约为 46min。第二类是站站停列车，经停 10 站，站站停列车单向全程旅行时间约为 56min。第三类是龙阳路至滴水湖直达车，工作日每天 4 班。直达车7:30、12:30 从龙阳路站发车，12:00、17:45 从滴水湖站发车，仅在工作日开行，全程旅行时间约为 37min，如图 2-7 所示。

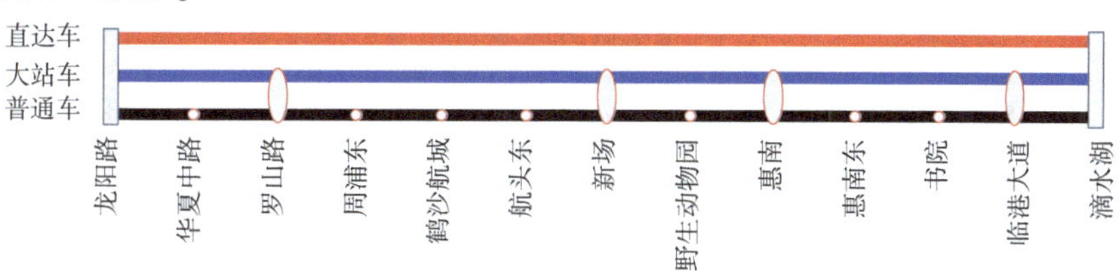

图 2-7 16 号线工作日快慢车组合运营方式示意图

站站停列车全线旅行时间为 56min；大站快车全线旅行时间为 46min，在野生动物园站大站快车越行站站停列车一次，站站停列车在此站需停靠 2 分 30 秒。

(3)快慢车越行站配线方案

16 号线具备越行功能车站为：

①单岛四线：罗山路站。

②双岛四线：航头东站、野生动物园站、浦东火车站，具备同台换乘功能。

③一岛一侧：书院站，配合停车线使用。

此外，滴水湖站采用站前折返形式来解决可能出现列车到发间隔不均衡的问题。上海轨道交通 16 号线的越行站配线设计示意图如图 2-8 所示。

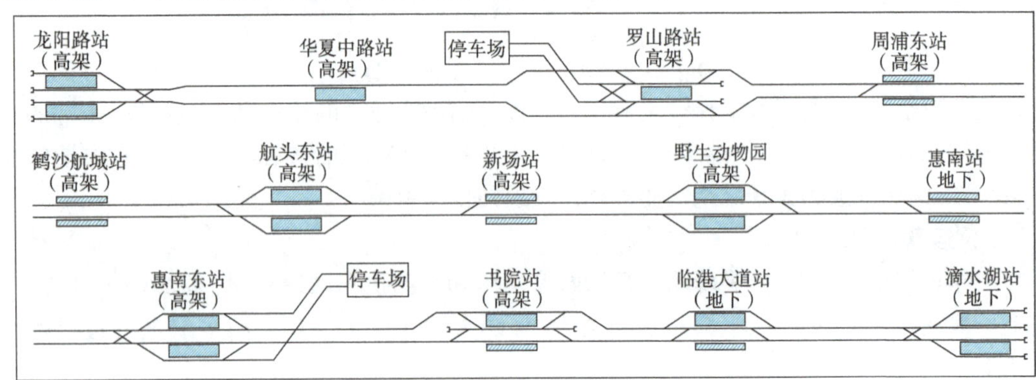

图 2-8　上海轨道交通 16 号线越行站配线设计示意图

3）铁路公交化改造项目——金山铁路

（1）线路概况

金山铁路起于上海南站，止于金山卫站，是一条连接上海中心城区与金山区的上海首条市域铁路，也是长三角地区第一条快速市域铁路。线路全长 56.4km，共设 9 座车站，分别为上海南站、莘庄站（未开通）、春申站、新桥站、车墩站、叶榭站、亭林站、金山园区站及金山卫站。金山铁路串联了徐汇区、闵行区、松江区和金山区，设计最高运行速度 160km/h。

金山铁路自开通以来，客流总体呈现较快增长，但由于基数较小，所以客流整体规模依然不大。2019 年金山铁路日均客运量达到 3.3 万人次，比 2013 年增长 1.6 万人次，年均增幅 12%。高峰月日均客运量一般出现在 8 月，2017 年 8 月日均客运量 3.1 万人次，高峰日客流达到 4 万人次左右。随着客流量增长，客流日变异系数（标准差/均值）逐步缩小，表明从全年来看，每日客流量的规模差异正在减小，见表 2-5。

2013—2019 年金山铁路客流量表（单位：万人次）　表 2-5

年　份	年日均客运量	高峰日客运量
2013	1.71	3.07
2014	2.07	3.63
2015	2.24	4.09
2016	2.50	3.63
2017	2.89	3.87
2018	3.2	—
2019	3.3	—

(2)车辆系统制式

金山铁路车辆有 CRH2A、CRH6A 和 CRH6F 三种。

①CRH2A 车型:为早期引进的动车组,分为一等座车、二等座车、餐车,与我们平时乘坐的高铁一致。

②CRH6A 车型:2017 年 9 月,金山线新投入运营了 CRH6A 车型,取消了一等座车和餐车设置,但保留了厕所。

③CRH6F 车型:2019 年 12 月,金山线购置的 4 组 CRH6F 型动车组列车上线运行。该动车符合市域线短程停站多、快启快停、大载客量、安全舒适等优点,提升了运输能力。

以上三种型号列车运行速度能够达到 160km/h,提升了乘客出行体验。

(3)列车运行交路

金山铁路采用上海南—金山卫的单一交路运行模式,金山卫—上海南的嵌套交路运行模式(7:40 加开 1 列从车墩始发至上海南的列车),如图 2-9 所示。

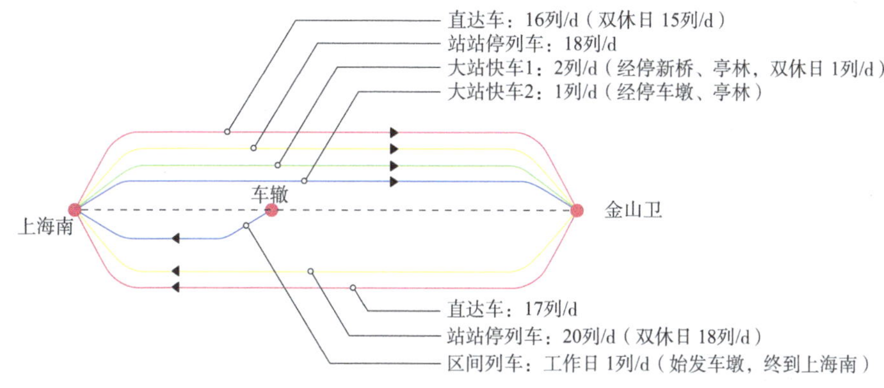

图 2-9　金山铁路列车运行交路

(4)改造设计

在线路方面,金山铁路改造工程对既有线进行增加复线改造,提升了线路水平;同时,金山铁路没有采用地铁的设站方式,而是充分发挥了市郊铁路停站少、速度快的优势,尽量避免了长距离、直达乘客在途中消耗无效时间,保证了乘客在市郊和市中心之间快速通达。

(5)票务管理

金山铁路的购票方式分为“车站服务台或自动售票机购票”和“公交一卡通支付”两种,前者无须使用身份证,支持支付宝和微信支付。乘客购票坐车不对座号,车票可随到随买。

金山铁路采用优惠票价模式,最低区间票价为 3 元,全程票价为 10 元。因优惠票价政策产生的票款减收部分,由上海市政府通过“政府购买服务”的方式对票价进行补贴。

(6)交通衔接

以金山铁路新桥站为例,目前站外接驳方式主要为有轨电车、公交车、机动车、非机动车等接驳方式,乘客在两端的衔接交通出行时耗将近一小时。市区端,有超过六成的乘客需要通过乘坐上海轨道交通 1 号线、3 号线才可抵达目的地,机动化交通方式合计占到近九成,市区端

衔接交通的平均出行时耗需要 35 ~ 40min。滨海地区端,乘客平均接驳时耗 20 ~ 25min,接驳方式公交车占比约 40%,机动车占比 35%,机动化交通方式合计占到大约 3/4。

(7)运营模式与政府补贴

2009 年 2 月,原铁道部和上海市决定共同出资组建项目公司——上海金山铁路有限责任公司,改建金山铁路支线,开行上海南—金山卫的市域列车,股比为铁路 51%、上海市 49%。

根据制定的合作框架,为协力推动既有铁路资源的合理利用,金山铁路运营中,上海市建立了补偿机制,每年提供 1.7 亿元政府购买服务的财政支持,用于政策性票价补贴和运营亏损分担等,以保障金山铁路运营的可持续性。目前,金山铁路票价为 0.18 元/人公里,单程按距离为 3 ~ 10 元,比国家铁路的动车组票价基准(0.308 元/人公里)低约 40%。因此,市域铁路的路地合作中,清晰的责权机制和透明的清算机制也十分重要。

4)重庆市郊铁路江跳线与重庆轨道交通 5 号线

目前在建的重庆市市郊铁路跳磴至江津线(以下简称"江跳线"),拟与运营的重庆轨道交通 5 号线(以下简称"5 号线")实现部分车辆的跨线运营。

江跳线一期工程线路长 28.22km,共设 7 座车站(其中接轨站跳磴站与 5 号线同步建设),车辆基地与控制中心合建于双福车辆段,采用 As 双流制型车,初、近、远期为 6-6-7 辆编组,采用交流 25kV 及直流 1500V 接触网供电制式,交流牵引供电系统采用 110/27.5kV 两级电压供电方式,最高运行速度 120km/h。

5 号线一期工程北起于两江新区的园博中心,南止于大渡口区跳磴,线路长 39.75km;设车站 25 座,设大竹林停车场、中梁山车辆段和大竹林控制中心;采用山地城市 As 型(直流)车,初、近、远期为 6-6-7 辆编组;1500V 架空接触网供电工程,新建金渝大道、华岩寺两座主变电所,与 1 号线共享高庙村主变电所;最高运行速度 100km/h,目前除线路中部大石坝—石桥铺区段外,其余区段均已开通运营。

两条线路区域协同运输组织开展条件及运营组织情况如下。

(1)配线设计方案如图 2-10、图 2-11 所示。

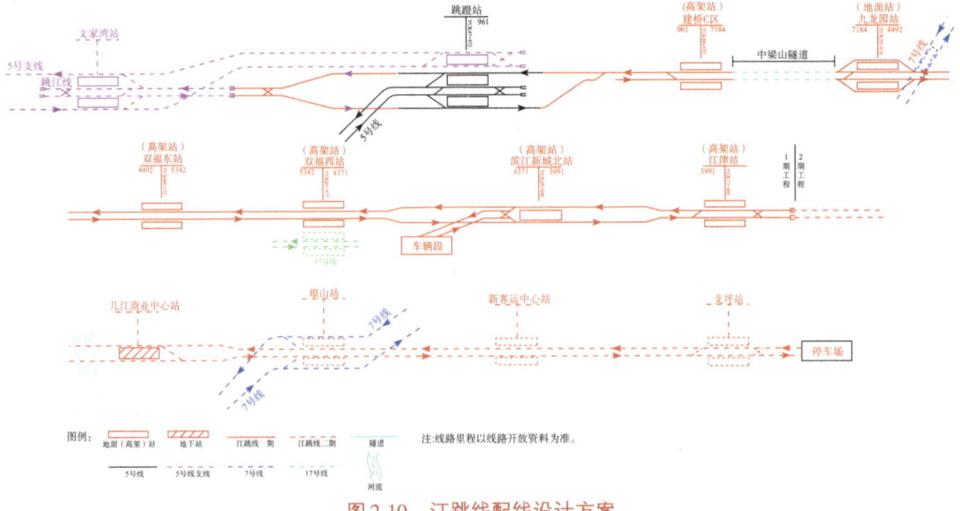

图 2-10　江跳线配线设计方案

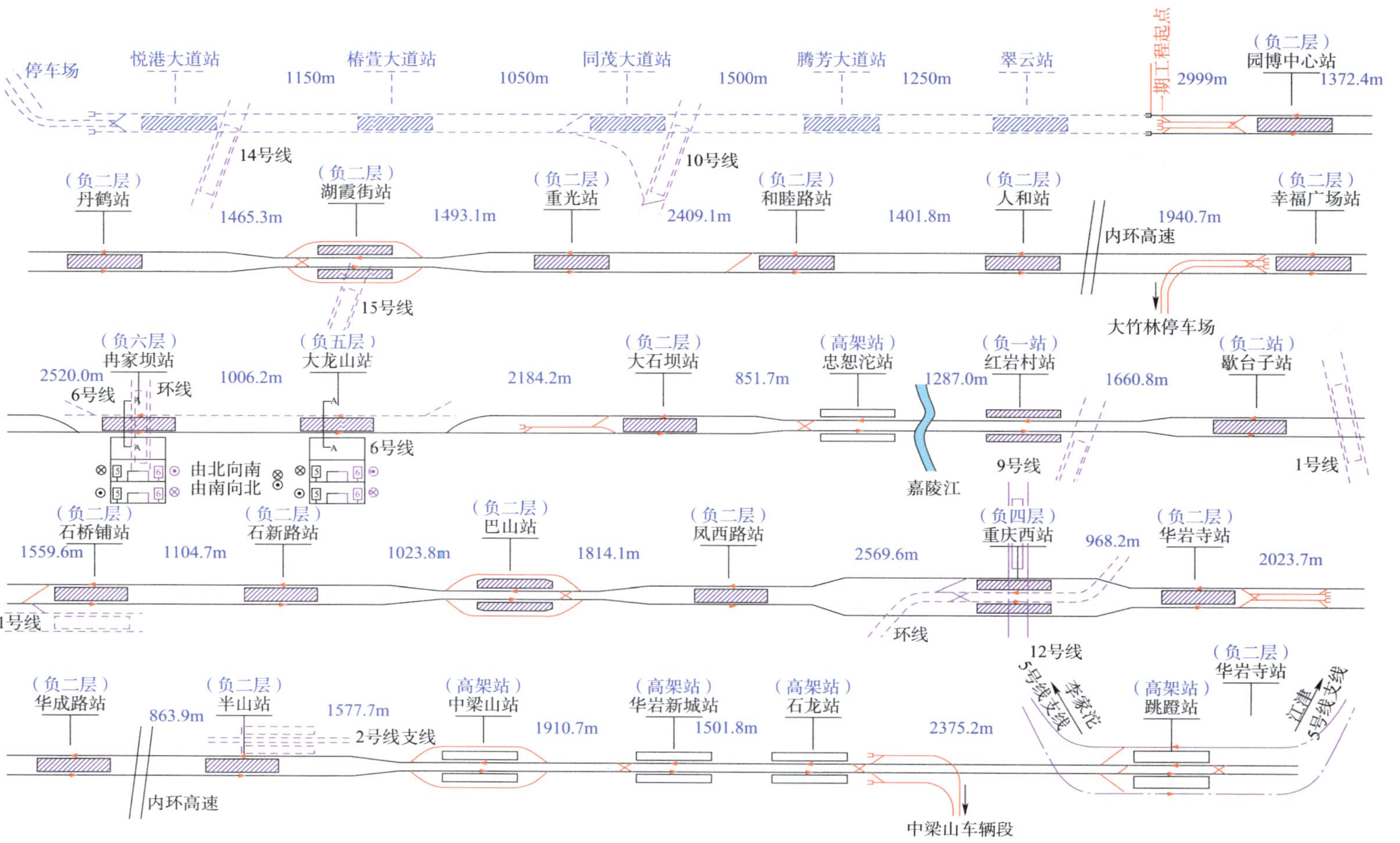

图2-11　5号线配线方案

基于江跳线列车需进入5号线跨线(贯通)运营的要求,根据多方综合研究及商讨,为尽量避免跨线运营对5号线建设、整体服务水平等方面的影响,选用5号线一期终点站——园博中心站作为江跳线跨线运营列车的折返站。

(2)车辆

5号线:采用山地城市As型车,DC1500V架空悬挂接触网供电。列车最高运行速度100km/h。初、近期采用6辆编组,远期采用7辆编组。

江跳线:采用山地As双流制型车,AC25KV及DC1500V架空悬挂接触网供电。列车最高运行速度120km/h。初、近期采用6辆编组,远期采用7辆编组。

(3)运行交路(图2-12)

5号线:初、近、远期均采用单一交路运营,高峰小时分别开行14对/h、21对/h、26对/h。

江跳线:初、近、远期,高峰小时本线交路分别开行4对/h、6对/h及8对/h,协同运输跨线交路分别开行2对/h、3对/h及4对/h。

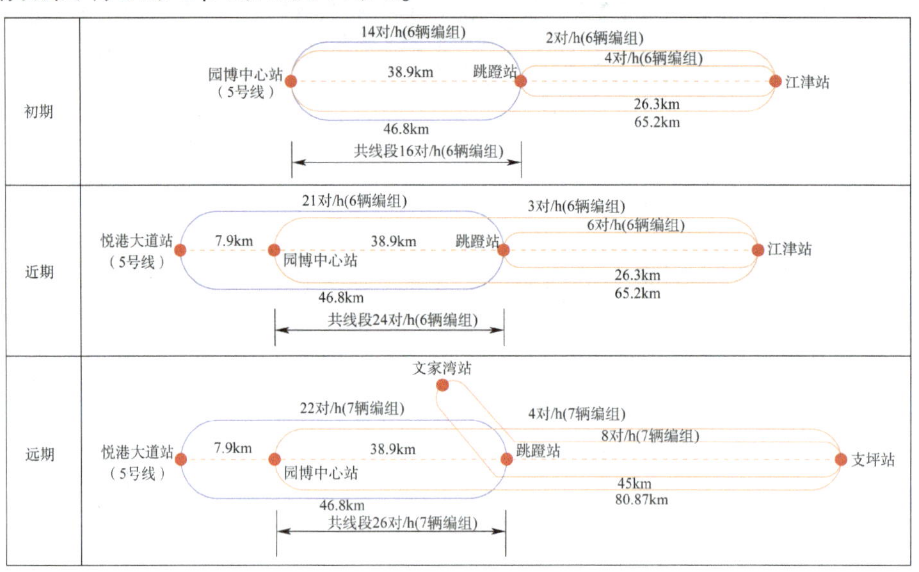

图2-12 江跳线与5号线贯通运营交路

2.2 国外市域快轨发展概况

2.2.1 市域快轨建设运营情况

由于资料来源有限,仅通过查阅文献对国外典型城市市域快轨的建设运营情况进行归纳和总结，见表 2-6、表 2-7。

国外典型城市主要指标统计表

表 2-6

城　市	都市圈面积(km^2)	半径(km)	人口(万人)	人口密度(人/km^2)
东京	13400	70	3400(现状)	2537
巴黎	12012	60	1169(现状)	973
纽约	30671	80	2221(现状)	724

国外典型城市市域快轨关键数据统计表

表 2-7

<table>
<tr><th>城市及规模</th><th>市域线路长度</th><th>服务半径(m)</th><th>车站间距(m)</th><th>设计速度(km/h)</th><th>运营速度(km/h)</th><th>供电方式</th><th>线网规模</th></tr>
<tr><td rowspan="2">东京
2013km</td><td>JR 线
887km</td><td>50</td><td>5～6</td><td>120</td><td>50～60</td><td rowspan="2">接触网供电，电压为 DC1500V</td><td rowspan="2">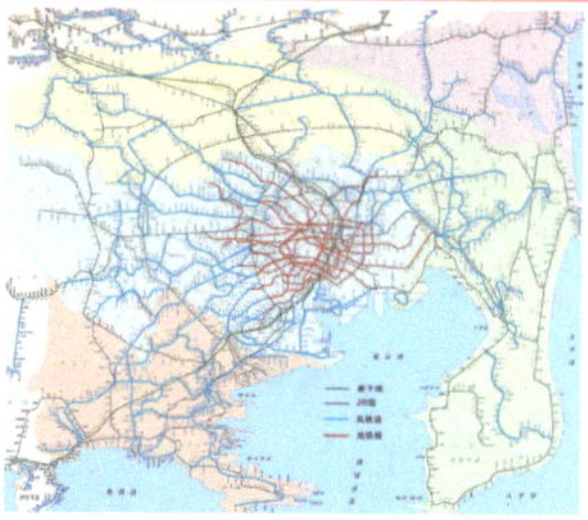</td></tr>
<tr><td>私营铁路
1126km</td><td>50</td><td>2</td><td>120</td><td>40～45</td></tr>
<tr><td rowspan="2">巴黎
1883km</td><td>市域铁路
1296km</td><td>60</td><td>5.14</td><td>130～140</td><td>50～70</td><td rowspan="2">接触网供电，电压为 AC25kV</td><td rowspan="2"></td></tr>
<tr><td>RER 线
587km</td><td>60</td><td>1.7～2.8</td><td>130～140</td><td>50～70</td></tr>
<tr><td rowspan="2">纽约
1632km</td><td>北郊铁路
532km</td><td>80</td><td>2.6～6.4</td><td>160</td><td>—</td><td>第三轨供电和接触网供电两种方式，电压为 DC750V 或 AC12.5kV</td><td rowspan="2"></td></tr>
<tr><td>长岛铁路
1100km</td><td>80</td><td>1.2～5.6</td><td>160</td><td>—</td><td>第三轨供电，电压为 DC750V</td></tr>
</table>

2.2.2 市域快轨典型案例

1）日本筑波快线

日本筑波快线是一条连接东京秋叶原与筑波市的近郊通勤线路，途经东京都、埼玉县、千叶县、筑波市等经济发达的地区。筑波快线于 2005 年 8 月全线开通，线路全长 58.3km（地下区间 16.3km），设站 20 座（地下站 8 座），平均站间距 3.07km，最高运行速

图 2-13　筑波快线线路走向示意图

度 130km/h，如图 2-13 所示。

(1)筑波快线车站客流量

根据筑波快线 2017 年运营数据，全线各站的客流量分布如图 2-14 所示。车站客流量超过 2 万人次的包括起点秋叶原站、北千住站、八潮站、南流山站、流山大鹰之森站、守谷站、终点筑波站。可以看出客流较大的车站主要为起终点站、换乘车站以及快速、通勤快速和区间快速列车经停车站。

(2)筑波快线快慢车停站方案

目前筑波快线共开行普通列车、区间快速列车、通勤快速列车、快速列车 4 种类型列车。在中心城区(秋叶原—北千住段)，4 种列车均站站停靠；在近郊区段，区快、通快、快速列车在其中某些车站甩站通过；远郊区段的行车密度最低。其停站方案示意图如图 2-15 所示。

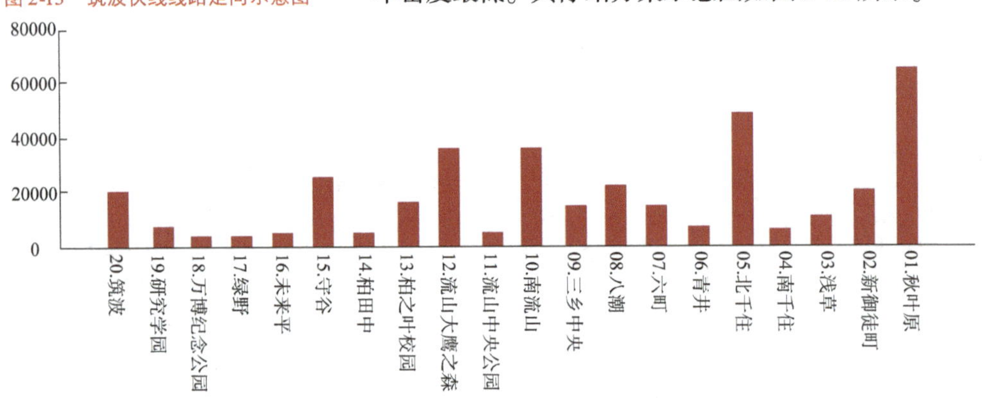

图 2-14　2017 年筑波快线车站客流量示意图

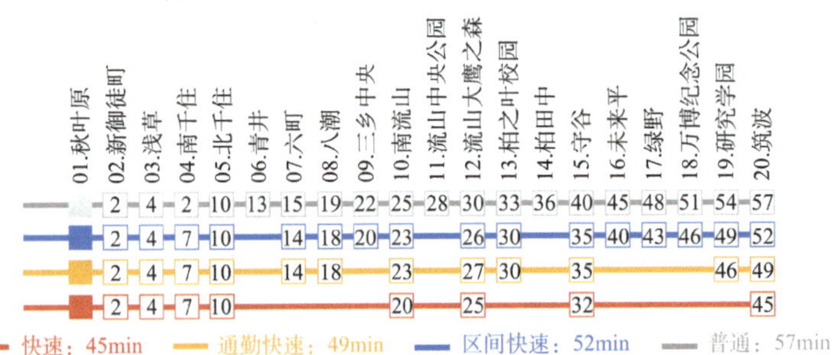

图 2-15　筑波快线 4 类列车停站方案示意图

①普通列车全线 20 座车站均站站停靠，旅行时间 57min；

②区间快速列车停靠其中 16 座车站，旅行时间 52min；

③通勤快速列车停靠 13 站，仅在早晚高峰时段运营，旅行时间 49min；

④快速列车仅停靠起终点站和换乘站(共 9 站)，旅行时间 45min。

(3)筑波快线快慢车开行计划

筑波快线主要解决通勤通学客流需求，高峰时段客流集中、发车频率高、运能需求大，为保证全线服务水平而减少普通列车被越行的次数,因此高峰时段普通列车开行对数相应增多,而快速列车开的行对数相应减少。筑波快线4种列车的全日行车计划如图2-16所示。

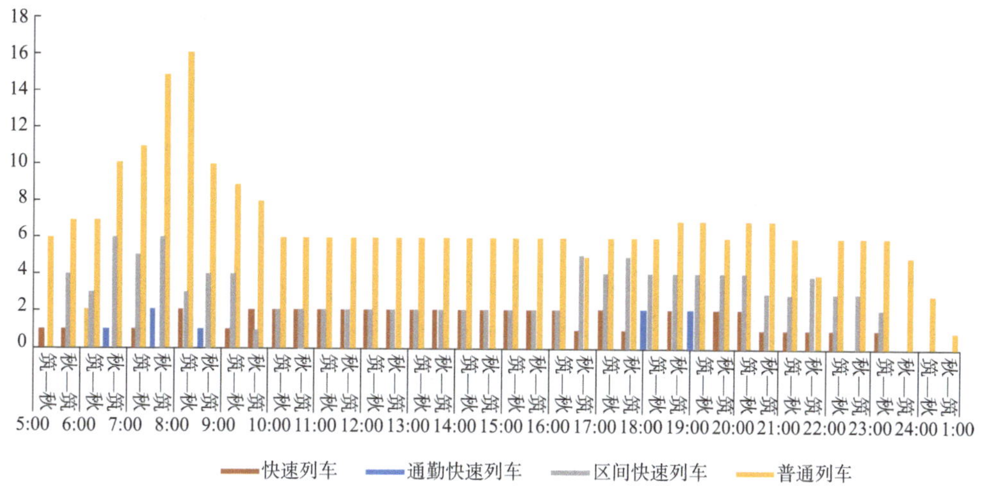

图2-16 筑波快线4类列车全日行车计划示意(单位:对/h)

①普通列车:早高峰时段16对/h,晚高峰、平峰时段6对/h;

②区间快速列车:平峰时段2对/h,早高峰时段6对/h,晚高峰时段5对/h;

③通勤快速列车:仅在6:00~9:00、18:00~20:00开行1~2对/h;

④快速列车:早、晚高峰时段1对/h,平峰时段2对/h。

(4)筑波快线越行站配线方案

筑波快线的八潮站、流山大鹰之森站和守谷站为越行站,均采用双岛四线的布局形式。当组织越行时,慢车(普通列车)进入侧线避让快车,待快车通过后慢车再驶离出站;若不组织列车越行,则所有列车均可由正线进入车站。全线配线方案如图2-17所示。

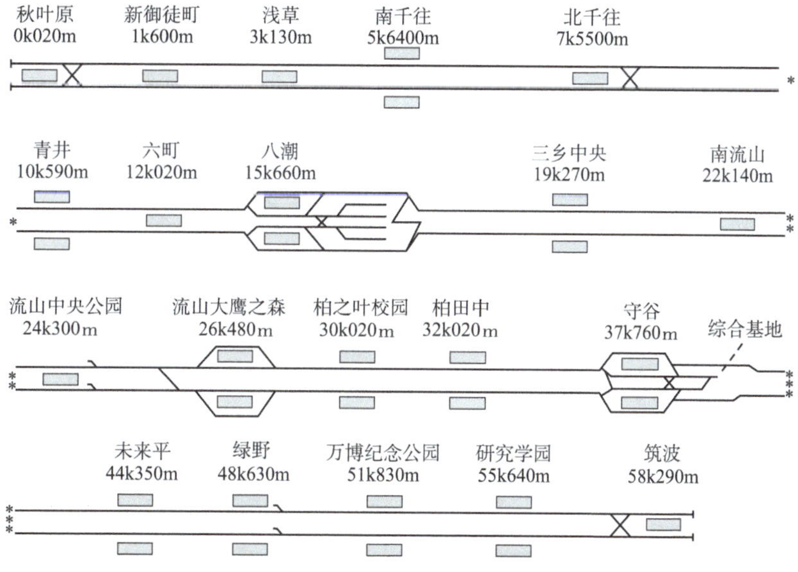

图2-17 筑波快线全线车站配线示意图

(5)日本快慢车运营模式的特点总结

目前,快慢车运营模式在日本东京都市圈应用已较为成熟。东京都市圈 JR 物理线路 33 条,线网总规模 1718.3km,主要包括东海道线、京滨东北线、横须贺线、中央本线、常磐线、总武线和京叶线等。其中,绝大部分线路采用 DC1500V 接触网方式供电,轨道间距 1067mm,线路之间基本可以过轨运营。JR 线路的建设年代较早,以地面敷设方式为主,因此在很多车站设有配线。JR 线路的运营方式主要分为常规站站停、快慢分轨、快慢共轨三种类型。都市圈内的 JR 线路除中央线、总武线、常磐线外,绝大多数 JR 骨干线路采用快慢车共轨运营的模式。

东京都市圈早高峰时段向心性的通勤通学客流量较大,必须保证早高峰时段轨道交通线路的运输能力,因此快慢车混跑列车中以中低速列车服务为主;平峰时段线路客流平缓且总量较小,快慢车混跑中增加高等级快速列车,利用普通列车和快速的高等级列车相互配合满足各类服务需求。

东京都市圈放射性轨道线路呈现站间距内密外疏的特征,通过在部分市郊地面站点设置越行站,来实现快慢车运营,一般分为三大类列车:高等级快速列车、中等级区域及通勤快速列车以及普通列车。其典型的运营特点为:

①高等级快速列车主要在平峰时段按时刻表准点运营,满足沿线快速出行业务。如西武新宿线特急列车只在平峰时段运营,发车频率较低(1 ~2 对/h),根据时刻表定时停靠沿线的重要站点。该类列车停靠站平均站间距一般大于 5km,服务对象一般以平峰时段快速出行为主,客流需求量相对较小。

②通勤快速列车等主要在高峰时段运营,满足市区与市郊间的大量通勤客流。通勤快速列车服务对象更为明确,以市郊密集居住区和就业集中区为停靠站。

③普通列车全天各时段均保持较高频率,满足沿线各类出行需求。在通勤客流量相对较小且距离较长的线路,高峰时段为了平衡旅行时间和运输能力,普通列车开行比例较低;而通勤客流量较大的线路为保证线路运能,普通列车高峰时段开行比例较高。

东京都市圈轨道系统多样化的功能层次是通过多样化的快慢车混行方案来实现的,不同类别的列车满足沿线不同层次的出行需求。目前,应用快慢车共轨运营模式的线路主要具备以下特征:

①城市外围的放射性线路,线路长度超过 50km。不同列车的服务范围与城市劳动力人口分布情况紧密相关。快速列车的服务范围基本位于通勤范围以内,距都心的最远距离普遍超过 50km;而普速列车服务范围绝大部分都在距都心 15km 的范围内,服务范围超过 30km 的较少。

②线路客流总量不大,联系着与主城区发展密切的市郊区域。东京都市圈的放射性线路往往客流总量不大,但线路联系着与主城区发展存在密切关系的市郊区域,且往往区域功能相对独立,相互间的客流交换均衡。以筑波快线为例,筑波科学城的建立和发展必须修建轨道交通联系主城区。

而对于以居住为主的新城,则需谨慎引入快慢车共轨运营模式,比如东京三大居住新城(多摩田园都市、多摩新城、千叶新城),由于功能单一,人口结构单一,其通勤客流过大,客流潮汐现象较为明显,见表2-8。其快慢车运营模式则是通过增建区间复线实现分轨快慢车模式。

东京四大新城基本信息统计

表2-8

新　城	距都心距离（km）	面积（km^2）	规划人口（万人）	轨道交通开通年份（年）	运营模式
多摩田园都市	15～35	31.6	42	1966	快慢车
多摩新城	25～35	28.84	28.59	1974	快慢车
千叶新城	24～45	19.3	15.3	1979	快慢车
筑波科学城	45～60	284	27	2005	快慢车

③平均乘距约15km,持通勤票乘客平均乘距大于非通勤票乘客。东京都市圈的主要放射性线路平均乘距在13～15km范围,而采用快慢车运营模式的线路平均乘距一般超过15km,同时持通勤票乘客平均乘距往往大于非通勤票乘客。需要注意的是,都市圈外围至主城区的通勤交通服务实际上是由市郊放射性线路+市内地铁共同完成,因此都市圈外围至主城区的通勤客流平均乘距往往超过25km。

2)纽约地铁

纽约地铁共有472座车站,商业营运路线长度为394km,用以营运的轨道长度约为1121km,总铺轨长度达1370km。

纽约地铁网络约七成以上的线路都采用了三线或四线模式,线网规划设计理念的前瞻性使得纽约地铁的运营组织具有很强的灵活性,充分体现在快慢车组合运行、24小时不间断运营、潮汐运行交路、市郊铁路与地铁线路换乘枢纽等方面。

(1)快慢车组合运行

纽约地铁部分线路为3线运营,甚至4线运营,采用快车(Express Train)、慢车(Local Train)混跑。两侧的轨道供慢车使用,中间轨道供快车使用。快车停靠起终点和主要换乘站。

(2)24小时不间断运营

纽约地铁部分线路提供全年24小时服务。白天:所有的线路和车站均提供服务;夜间:仅部分线路和车站提供服务。

纽约线网共有9条地铁线路参与24小时不间断运营,部分线路提供大站快车服务,夜间服务频率大约为20min。

(3)潮汐运行交路

如在运行区段和运行方向方面,纽约地铁的一条线路走廊可以开行多种行车路线,每种行车路线的列车运行区段和方向均不同,以满足不同地区连接核心区的需要。

在运营调整方面,纽约地铁部分行车路线在周末等特定时段通过减少停站数量、缩减开行方向、部分区段停运等方式,减小列车空驶距离,提高列车满载率和运行效率。

(4)市郊铁路与地铁线路换乘枢纽

纽约都市圈高度重视市郊铁路与城市公共交通的换乘服务,通过构建市郊铁路换乘枢纽来实现城市公交体系与城际轨道交通体系的无缝换乘,具体有:

以纽约中央火车站为枢纽,构建了长岛市郊铁路体系,如图2-18所示。

以纽约世贸中心火车站为枢纽，构建了邻纽约北部和西部地区市郊铁路体系，如图 2-19 所示。

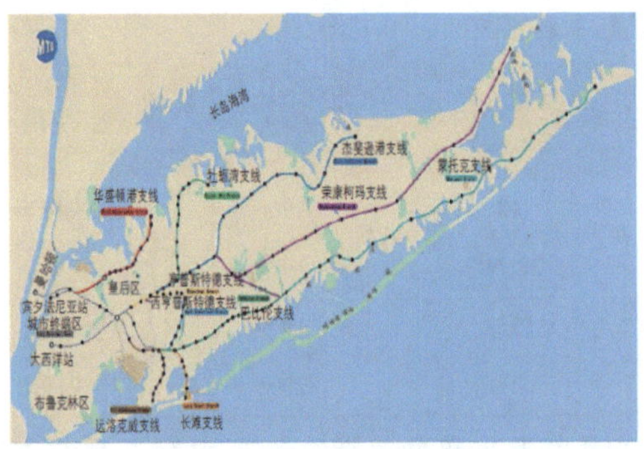

图 2-18　纽约长岛市郊铁路示意图

图2-19　纽约北部和西部地区市郊铁路示意图

2.3 市域快轨的发展趋势

1）市域快轨与中心城线网的衔接模式

市域快轨线路与中心城区轨道交通线网的衔接可采用三种模式：市域快轨在城市中心区边缘或外围单点换乘、市域快轨进入中心城区一定范围实现多点换乘以及市域快轨穿越城市中心区贯通运营。通过调研目前国内实际运营情况，结合大阪、纽约、伦敦等城市多网并存的运营经验，市域快轨与中心城线网应提前规划和预留，采用多点换乘或部分时段与中心城区轨道线网贯通运营，也可以考虑市域快轨直接穿越城市中心区贯通运营，尽量避免在中心区边缘或外围单点换乘。从历史的经验来看，无论是法国的 RER 线路穿越中心城区，还是东京私铁与中心区轨道网络的贯通运营和融合发展，若没有前期系统规划，后期改造都将付出巨大的代价。

2）车辆制式分类和车辆装备研发

市域快轨运能要求普遍小于市区地铁线路，平均站间距多介于 3～6km。从运输能力划分，城市轨道交通 A/B 型车（直流/交流）、市域 A/D 型车和 CRH6 型动车组的运输能力均适应市域快轨的运营需求。但是，既有城际动车组在信号控制、车辆牵引制动性能、车厢布置和车门设计等方面难以满足公交化服务要求，且 CRH6 型动车组尺寸较大，其接触网安装结构高度也较高，使隧道断面大，工程造价高，与既有城市轨道交通线路也难以互联互通。基于以上原因，我国主要机车车辆厂家也先后推出了自有知识产权的双制式市域动车组、市域 A/D 型车和适应公交化运营的 CRH6 各型车辆。同时，研究了适应市域快轨线路特点运营的交流牵引或交直流双制式地铁 A 型车和 B 型车，以实现与相同制式的地铁线路实现互联互通。随着市域快轨的规划建设和技术发展，市域快轨系统制式的选择或更加灵活多样。但是，从可持续发展考虑，更需要从国家和行业层面进行车辆制式标准化和系列化，从而提升车辆装备制造的竞争力和降低运营维保的成本。

3）跨线运营模式

随着城市的扩张和区域发展，以超大、特大城市为中心的都市区或经济圈初具雏形，从而使得中心城与周边组群间的交通运输需求大幅增长。市域快轨网的跨线运营可以改善外围末端线路利用率不足的问题，同时提高轨道交通可达性、提高运营效率，东京、巴黎等城市轨道交通均采用了跨线运营设计理念并成功实践。目前，国内成都、重庆等城市的部分市域快轨，亦采用了跨线运营。如重庆市郊铁路江跳线与轨道交通 5 号线在跳蹬站跨线运营，实现了市域快轨直达城市核心区。

4）供电制式的选择

快速运行的市域快轨线路需要通过全系统的工程技术经济方案比选，进而确定适应不同城市和线路的供电制式，特别是市域快轨线路对车辆牵引供电系统制式的技术适应性和经济性。车辆采用越高等级的牵引供电制式，牵引供电系统自身一次性投资越节省；从土建工程一次性投资来看，供电电压越高要求的隧道结构净空越大、运行速度越高，要求隧道断面也越大，投资也会相应增加，怎样综合平衡需要具体分析；从运维的角度考虑，若不使用双制式车辆，采用统一的供电制式运维工作更简单；从用电能耗方面考虑，采用 AC25kV 和 AC25kV/DC1500V 混合制式，车辆的质量比纯直流明显增加，列车牵引能耗会相应增加。因此，车辆牵引供电系统方案的选择，尤其是市域快轨网络牵引供电制式的规划是一个综合性的难点和重点，需要在网络规划和工程设计阶段深入研究决策。

5）车辆限界标准、压力舒适度标准及隧道阻塞比

市域快轨进入中心城区部分线路需要采用地下线路，由于市域快轨列车运行速度较高，为了缓解列车在隧道中产生的隧道内压力瞬变及车内压力波动对人体舒适性的影响，国内关于市域快轨、地铁快线相关标准规范都对压力变化率和舒适度进行了规定；并在已经运营的相关项目上提供了诸如加大隧道断面、设置泄压缓解措施、采用喇叭形扩口隧道过渡、车头采用流线型设计和增加车辆密封性等一系列解决方案，为类似快速轨道项目的实施提供参考；且标准的进一步完善尚需在运营实践中提升。但是，目前对快线舒适度标准、车辆制式和车辆限界标准的适应性和经济性研究还有待深入的研究、探索和实践。

6）快慢线运营模式的尝试和探索

超大城市市域快速轨道交通网络的发展过程，基本都是一个以城市中心为极核、逐步沿轨道形成放射状交通和城市发展廊道的过程。由于城市规划发展的中心城区不断外扩和外围地区中心化要求，使城市轨道交通沿线的城市发展具有更大的多样性和不确定性，使得轨道交通规划运营难以仅通过提高车辆运行速度实现运营速度和客流吸引平衡。因此，对于需要同时解决快速出行和沿线客流吸引的双重功能、规划线路客流需求又不足以支持建设快轨和慢线的复合走廊，有必要研究从市域外围到城市中心的快慢线组合运营组织模式，以较少的工程代价实现双重功能灵活性的运营模式，提高市域快轨服务水平和运行效率。但是，需要高度重视的是快慢车组合运行线路的经济性和规划控制。

7）推进轨道交通投资建设运营模式的多元化

我国轨道交通建设已进入网络化快速发展时期，这对原有的轨道交通投资建设运营模式是巨大的考验，由于市域快轨除了系统制式选择多元化，还涉及不同系统制式的建设运营管理体制机制的选择。特别是发改委“关于促进市域（郊）铁路发展的指导意见”［发改基础〔2017〕1173 号］，使得市域（郊）铁路甚至城际铁路成为城市市域快轨的有机组成部分成为可能。通过体制和机制创新，经营模式多元化、辅以制度保障，为市域快轨可持续发展提供了政策支持。

2.4 我国市域快轨行车组织设计存在的不足

通过对国内外市域快轨发展概况分析及运营案例调研，目前我国市域快轨行车组织设计关键技术主要存在以下不足，需进一步完善。

1）不等速快慢车模式相关理论

按照快慢车是否采用相同速度等级的列车，可以分为等速快慢车模式和不等速快慢车模式。相较于等速快慢车模式，当快慢车采用不同速度等级的列车时，由于快车过站所节约的时间不仅受快车不停站数量的影响，还与车辆性能、速度等级、线路条件、过站限速等因素息息相关，快慢车在相同区间的运行速度差异变大，系统能力损失计算更为复杂。

目前，国内城市轨道交通主要采用等速快慢车模式，如上海轨道交通 16 号线、广州地铁 14 号线和成都轨道交通 18 号线等。而不等速快慢车模式在国际上的城市轨道交通中应用少，在我国城市轨道交通领域更是没有相关研究成果和应用先例。该模式虽然在铁路系统得到普遍应用，但铁路站间距大、开行密度不高、车站普遍设有越行线等特点，决定其对系统能力计算要求不高，因此相关成果并不能指导市域快轨不等速快慢车模式设计，存在技术缺口。因此，本书研究适用于市域快轨不等速快慢车模式的相关理论是十分必要的。

2）跨线运营模式相关理论

市域快轨网的跨线运营可以改善外围末端线路能力利用率不足的问题，同时提高轨道交通可达性、提高运营效率，适用于满足不同线路相同出行目标的需求，如传统的线网中交叉线路客流需要采用换乘的方式到达同一目的地，而跨线运营则可以实现零换乘直接到达。目前，东京、巴黎等城市轨道交通均采用了该设计理念。

近年来，国内虽有不少城市进行跨线运营模式的研究及应用，但在系统性、完整性、可操作性等方面仍需完善。因此，本书从跨线运营系统配置需求及运营组织设计思路出发，尤其针对同制式跨线运营中跨线节点规划、跨线运营交路（“X”形、“Y”形和“∞”形）以及相应的跨线配线方案进行研究是十分必要的。

3)超长隧道防灾救援措施

市域快轨服务范围涵盖市区及市域范围,往往存在穿山、跨江、跨海等情况,已出现多个超长隧道案例,如青岛地铁1号线、8号线过海隧道,成都轨道交通18号线龙泉山隧道等。而长大区间隧道在过江、过海或穿山隧道时,其区间风井设置条件往往受限,同一防火分区内可能存在3列及以上列车运行的情况。

《地铁安全疏散规范》(GB/T 33668—2017)提出,对于存在多列车追踪又不能设置中间风井的超长隧道区间,采用全纵向通风方式进行排烟是不可行的,为最大限度确保车辆及人员安全,需要有针对性研究不同的防灾救援模式。因此,本书提出超长隧道区间土建实施方案、人员疏散、列车救援、配线及设施配备等原则与方案是十分必要的。

3 车辆选型及行车组织设计参数

我国市域快轨的功能定位是：

①主要服务于城市市域或都市圈范围的公务、通勤(学)、旅游休闲等多种出行客流。

②主要服务于城市市域或都市圈外围地区与中心城市城区之间联系的客流。

③线路正线主要位于城区以外的城市市域或都市圈范围。

我国市域快轨的主要技术特点是：

①线路较长，平均站间距大。线路规划长度一般大于50km，平均站间距大于3km。

②车辆运行速度高，乘客舒适度要求高。车辆最高运行速度覆盖120～160km/h，旅行速度一般大于60km/h，由于乘客在车时间长，对乘客舒适度有一定要求。

③城市外围线路的敷设方式以地面或高架敷设为主。对于穿越城市中心的市域快轨，敷设方式一般以地下为主。同时，由于规划滞后和环保指标、土地价值的过分期望，我国出现了以地下线为主建设市域快轨的趋势。

④牵引供电制式选择灵活多样。根据线路功能定位、服务需求、环境条件和技术经济性，系统制式选择灵活多样，牵引供电制式可以是交流、直流或双制式供电多种选择。

⑤运营管理体制多样。由于市域快轨与所处城市轨道交通的密切关系，若具备与城轨线路贯通运营的条件，可与城市轨道交通运营管理体系保持协调统一。但对于站间距较大、最高运行速度较高的线路，应优先考虑交流制式或混合制式。若线路利用既有铁路设施或预留与国铁/城际联通的条件，可采用国铁制式满足市域快轨公交化运营要求，运营管理体系可与国铁保持协调，需要贯通运营时应保持协调统一和系统互联互通要求。

结合上述市域快轨功能定位及技术特点，本章针对行车组织专业设计需求，开展了车辆选型及行车组织部分重要设计参数研究。

3.1 车辆选型

目前，我国市域快轨[包括市域(郊)铁路]车辆以市域A型车、B型车、D型车及CRH6型动车组为主。城市轨道交通体系中的轻轨铰接车、直线电机车辆、中低速磁悬浮、跨座式单轨、自导向新交通系统由于受到速度及运量的限制，与市域快轨快速性及大运量的特点不符，本书重点分析市域A型车、B型车、D型车及CRH6型动车组的适用条件，如图3-1所示。

a) 市域A型车

b) 市域B型车

c) 市域D型车

d) CRH6型动车组

图3-1　车辆选型

3.1.1 主要技术参数

1) 国内市域快轨车辆选型情况

国内市域快轨主要技术参数见表3-1。

国内市域快轨主要技术参数　　表3-1

城市	线　路	长度(km)	车站数量	平均站间距(km)	最高运行速度(km/h)	车辆选型	供电制式	远期高峰小时预测客流断面(万人次/h)
北京	大兴机场线(近期延伸)	41.4	3	20.7	160	市域D型车	AC25kV	0.64
	平谷线	81.2	21	4.1	160	市域D型车	AC25kV	4.7
上海	16号线	59.3	13	4.9	120	A型车	DC1500V	2.8
	嘉闵线	68.8	9	8.6	160	CRH动车组	AC25kV	—
	机场联络线	86.6	20	4.6	160	CRH动车组	AC25kV	—

续上表

城市	线　　路	长度(km)	车站数量	平均站间距(km)	最高运行速度(km/h)	车 辆 选 型	供电制式	远期高峰小时预测客流断面(万人次/h)
广州	3 号线	64.4	30	2.2	120	B 型车	DC1500V	4.24
	14 号线	76.3	22	3.6	120	B 型车	DC1500V	2.90
	18 号线	61.3	9	7.7	160	市域 D 型车	AC25kV	2.85
深圳	11 号线	51.9	18	3.1	120	A 型车	DC1500V	5.09
成都	18 号线	69.4	12	6.3	140	市域 A 型车	AC25kV	3.15
	19 号线	62.7	19	3.5	140/160	市域 A 型车	AC25kV	3.59
青岛	11 号线	58.4	22	2.78	120	B 型车	DC1500V	1.85
	13 号线	70	23	3.18	120	B 型车	DC1500V	2.24
温州	S1 线	53	18	3.1	120	市域 D 型车	AC25kV	2.30
福州	滨海快线	62.4	13	5.2	140	市域 A 型车	AC25kV	2.55
东莞	2 号线	37.7	15	2.63	120	B 型车	DC1500V	2.90

从表 3-1 可见，在建和运营的市域快轨规划线路长度均在 50km 以上，且大部分为大中运量轨道交通系统(特殊功能线路除外)；平均站间距以 3 ~ 5km 为主；最高运行速度 120 ~ 160km/h；车辆选型有直流牵引的地铁 A 型车、B 型车，也有交流牵引的市域 A 型车、市域 D 型车和 CRH 动车组。

2）市域快轨车型主要技术参数

按照《城市轨道交通分类》(TCAMET 00001—2020)定义，市域快轨系统是一种大、中运量的轨道运输系统，车辆宜采用市域快轨专用车辆(直流/交流)。根据国家铁路局 2020 年颁布的《市域(郊)铁路设计规范》(TB 10624—2020)，市域 A 型车、市域 B 型车及 CRH6F 型动车组、市域 D 型车主要技术参数见表 3-2。

市域 A 型车、市域 B 型车、CRH6F 型动车组、市域 D 型车主要技术参数表　　表 3-2

名称		市域 A 型车		市域 B 型车		市域 C 型车	市域 D 型车
供电制式		AC25kV	DC1500V	AC25kV	DC1500V	AC25kV	
车体基本长度(mm)	无司机室车辆	22000		19000		24500 或 25000	22000
	单司机室车辆	22000 + Δ		19000 + Δ		24500 或 25000 + Δ	22000 + Δ
车体基本宽度(mm)		3000		2800		3300	
车辆落弓高度(mm)		≤4450	≤3850	≤4450	≤3850	≤4640	
车内净高(mm)		≥2100					
地板面高(mm)		1130		1100		1280	
固定轴距(mm)		2500		2300		2500	

续上表

名称	市域 A 型车		市域 B 型车		市域 C 型车	市域 D 型车
车辆定距(mm)	15700		12600		17500 或 17800	15700
每侧车门数(对)	3～4					
车门宽度(mm)	≥1300				≥1100	≥1300
车轮直径(mm)	860		840		860 或 920	860
轴重(t)	≤17		≤15		≤17	
最高运行速度(km/h)	120～160	100～140	120～160	100～140	100～140	120～160

注:Δ 表示司机室加长量。

资料来源:中铁第四勘察设计院集团有限公司,《市域(郊)铁路设计规范》(TB 10624—2020),2020。

3.1.2 车型适应性的案例分析

市域快轨平均运距较长,客流周转量大,但高峰小时运能要求普遍小于市区地铁线路。在运输能力方面,市域 A 型车/市域 B 型车(直流/交流)、市域 D 型车和 CRH 型动车组的运输能力均适应市域快轨的运营需求。但是,我国 CRH 型动车组在车辆牵引制动性能、超员能力、车厢布置和车门设计等方面对大运量公交化服务市域快轨适应性较差,如图 3-2 所示。

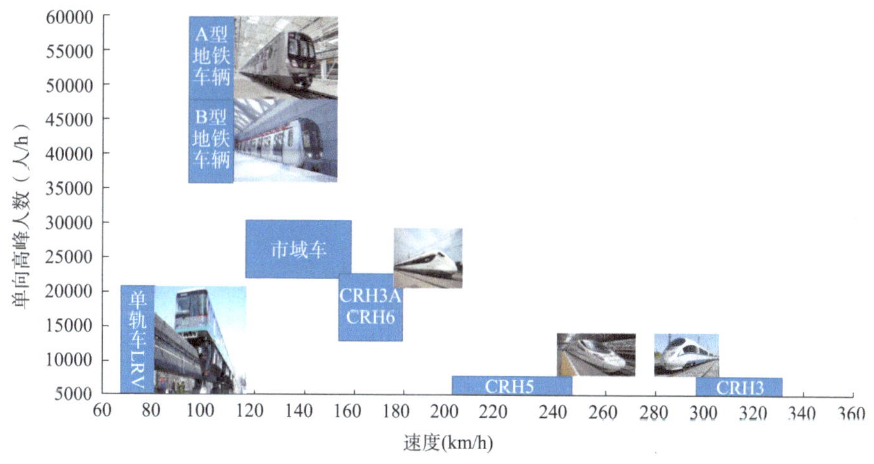

图 3-2 车辆与运输能力关系图

基于以上原因,直接选用地铁 A 型车、B 型车或 CRH6 型动车组均不完全适合。我国主要机车车辆厂家也先后推出了自有知识产权的双制式市域动车组、市域 D 型车和适应公交化运营的市域 C 型车(CRH6 型动车组车辆),以上车型均具备铁路限界兼容条件。同时,结合市域快轨最高运行速度高和站间距大的特点,在城市轨道交通车辆基础上,研究了适应市域快轨运营特点的交流牵引或交直流双制式市域 A 型车和市域 B 型车,以实现与城市轨道交通线路的限界兼容和资源共享。

在实际项目中,应考虑多方面因素,准确把握项目特点,本书以厦漳泉城际轨道交通 R1 线的案例加以说明。

1)厦漳泉城际轨道交通 R1 线项目背景

厦漳泉城际轨道交通 R1 线位于福建省闽西南地区,途经泉州、厦门及漳州市。起于福厦高铁泉港站,止于漳州市靖城站,规划全长约 208.8km,设站 31 座,平均站间距 6.96km,设计速度 160km/h。一期范围线路全长 171.1km(泉州段 69.1km、厦门段 52.7km、漳州段 49.3km),其中地上线长 87.9km,地下线长 83.3km,设车站 26 座,高架站 12 座,地下站 14 座,平均站间距 6.71km。该项目功能定位是厦漳泉都市圈内的一条跨市域的都市圈快线,如图 3-3 所示。

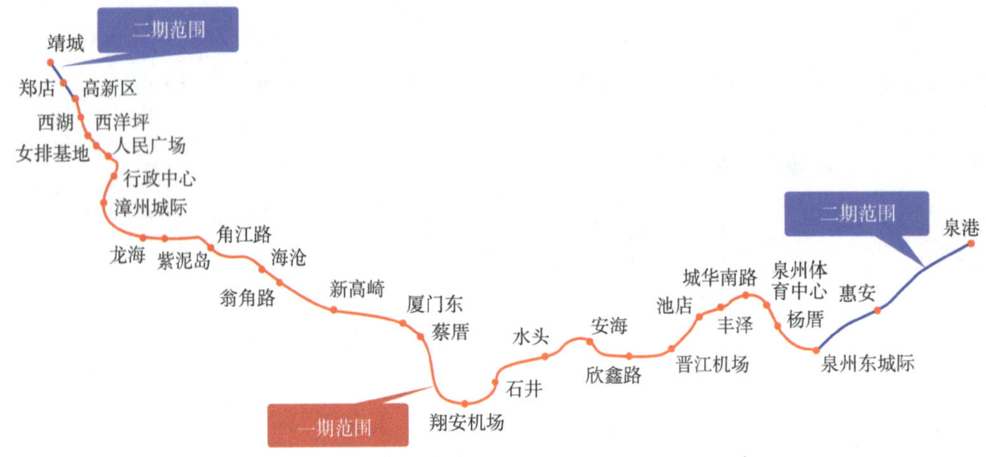

图 3-3 厦漳泉城际轨道交通 R1 线线路示意图

本项目的复杂性在于上位规划中要求本线与杭深铁路互联互通,实现国铁直通进入高崎岛内及翔安机场的通达目标。因此,在车辆选型上需同时考虑本线功能定位及本线与国铁互联互通的兼容性问题。

2)功能性分析

分别从以下几个方面对目前国内市域快轨主要采用的 4 种车型,与厦漳泉城际轨道交通 R1 线的功能适应性对比,见表 3-3。

不同市域快轨车型与厦漳泉城际轨道交通 R1 线的功能适应性分析　　表 3-3

车型	市域 A 型车	市域 B 型车	市域 D 型车	CRH6 型动车组
快车旅行速度(km/h)	120	120	120	108
快车旅行时间(min)	82	82	82	91
站站停列车旅行速度(km/h)	88	88	88	70
站站停列车旅行时间(min)	112	112	112	140
厦门(新高崎)—漳州(女排基地)旅行时间(慢/快)(min)	43.0/30.6	43.0/30.6	43.0/30.6	50.3/35.2
厦门(新高崎)—泉州(丰泽)旅行时间(慢/快)(min)	57.5/42.5	57.5/42.5	57.5/42.5	69.9/48.9
系统最大能力(对/h)	24	24	24	20
座席数量(8 编组)	460	410	480	512
定员(8 编组)	1526	1210	1656	1502
座席比例	36.2%	33.6%	29.0%	34.1%

续上表

车型	市域 A 型车	市域 B 型车	市域 D 型车	CRH6 型动车组
乘坐舒适性	一般	一般	一般	较好
公交化水平(轴重控制)	较好	较好	较好	一般
横排座位走道宽度(mm)	820	700	850	850
车门数量	3 车门	3 车门	3 车门	头车 2 个, 中间车 3 个
与国铁互联互通	—	—	可以实现与国铁网互联互通	
与地铁互联互通	可以与地铁线网互联互通		—	—

(1)时间目标值的达标情况

根据《福建省海峡西岸城市群城际轨道交通线网规划》,海西地区形成区域 1 ~ 2h 交通圈,福州、厦漳泉两大都市区之间和都市地区内部要形成 0.5 ~ 1h 交通圈。采用 160km/h 速度下,无论采用哪种车型均能满足中心主城区 0.5 ~ 1h 交通圈的要求。但目前 120km/h 以上速度的市域 B 型车国内尚无运营案例,成熟度较差;CRH6 型动车组由于动拖比 1∶1 的关系,其制动性能相较于市域 A 型车、市域 B 型车、市域 D 型车较差,旅行时间也不如动拖比 3∶1 或 2∶1 的车型。因此,CRH6 型动车组要实现市域快轨较高频次的公交化运营,需要改变列车动拖比,提高加减速性能,充分发挥速度优势。

(2)乘坐舒适性的比较分析

定员标准:R1 线的客流量级以市域 A 型车、B 型车、D 型车及 CRH6 型动车组均能满足 4 人/m^2站立定员标准、设计运能。

座席比例:采用 3 车门横纵混合座位布置下,均能满足《市域(郊)铁路设计规范》(TB 10624—2020)中要求"车辆座位率不宜低于设计载客量的 25%"。其中,市域 A 型车座席比例 36.2%、市域 B 型车座席比例 33.6%、市域 D 型车座席比例 29.0%、CRH6F 型动车组座席比例 34.1%(全横)。

宽通道适应公交化需求:为适应公交化客流中途上下车的需要,站立区定员标准适当降低外,需要考虑乘客在车内顺畅流动,CRH6 型动车组及市域 D 型车由于车体较宽,通道宽度可以达到 850mm,具有较大的优势;市域 B 型车在 2 + 2 横排布置下,通道宽度仅 700mm,不利于携带行李乘客的走动,如图 3-4 所示。

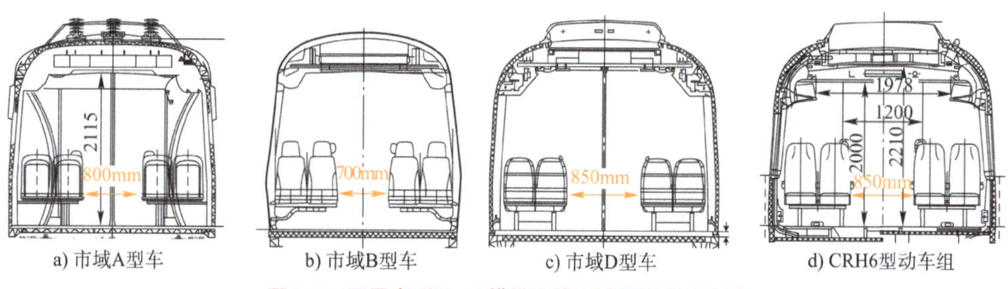

图 3-4 不同车型 2 + 2 横排座椅下过道宽度示意图

(3)编组与运能的适应性

4 种车型在 8 辆编组情况下与客流特征的适应性见表 3-4,对于市域 A 型车、B 型车、D 型车和 CRH6 型动车组而言，其运能、编组、到发线长度与列控系统的关系极为密切。列控系统主要采用铁路 CTCS 列控系统（CRH6 型动车组）和基于移动闭塞的列控系统（A 型车、B 型车、D 型车以及 CRH6 型动车组）。以 8 辆编组 CRH6 型动车组为例，采用 CTCS 列控系统的贯通式到发线有效长度规范要求不小于 400m；而采用城轨 CBTC 制式的移动闭塞列控系统可缩减至 230m 左右。另外，基于 CTCS 列控系统最大行车能力不超过 20 对/h，基于移动闭塞的列控系统最大行车能力可以增加至 24 ~ 30 对/h，如图 3-5 所示。

不同车型与客流的适应性　　表 3-4

指标	市域 A 型车（6 辆编组）	市域 B 型车（6 辆编组）	CRH6 型动车组（8 辆编组）	市域 D 型车（6 辆编组）
定员（4 人/m^2）	1140	910	1502	1180
座席数量（人/列）	345	308	480	384
座席比例	30.2%	33.8%	34.1%	32.5%
系统最大开行对数（对/h）	24/30	24/30	20	24/30
快慢车模式下系统最大设计运能（万人次/h）	2.74	2.18	3.00	2.83
站站停模式下系统最大设计运能（万人次/h）	3.42	2.82	3.00	3.54

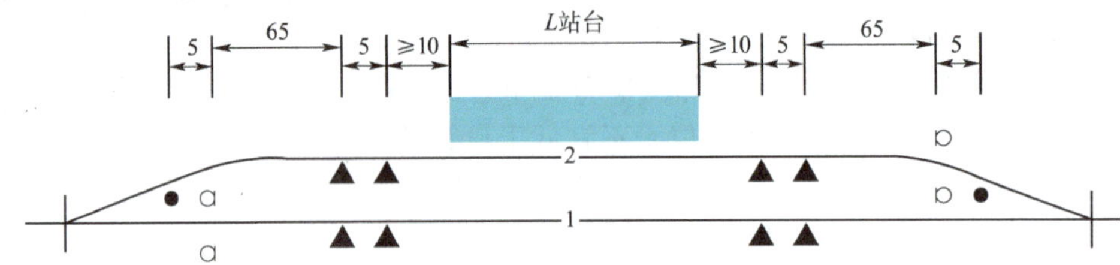

图 3-5　CTCS-2 信号系统下到发线有效长示意图（尺寸单位：m）

换言之，在设计同等运能的情况下，采用 CBTC 系统，站站停模式下最大开行对数为 30 对/h，采用快慢车模式下最大开行对数为 24 对/h，站台长度按 6 辆编组控制；而 CRH6F 型动车组采用 CTCS-2 信号系统系统，最大开行对数为 20 对/h，站台长度按 8 辆编组控制。由信号和列控系统引起的差异不仅在车辆，具体还反映在整个项目的土建投资。

（4）与国家铁路互联互通的设想和工程措施

市域 A 型车、B 型车尺寸与地铁 A 型车、B 型车一致，与国家铁路很难互通；信号制式相同的情况下可实现与地铁线路的互联互通；但地铁列车一般采用直流供电，市域列车一般采用交流供电，互联互通后跨线列车需采用双流制列车。

对于与国家铁路存在互联互通需求的市域快轨，其技术标准必须与国家铁路标准保持一致，采用与国家铁路兼容的牵引方式、供电制式、信号系统、限界等，且获得中国国家铁路集团有限公司颁发的上线资质才能进入国家铁路线路运行。目前，具备国家铁路上线资质的市域车型仅有中车长客的混动城际160、城际160、城际200和中车四方的CRH6F型动车组、CRH6A型动车组。

市域D型车根据动车组平台改造，市域D型车限界与CRH6型动车组车辆兼容，市域D型车搭载CBTC信号系统能实现节省土建投资和公交化运营的目标。但是需要突破的关键技术和管理壁垒是CBTC与CTCS2的兼容问题，目前CBTC与CTCS2的信号兼容国内还没有运营实例，如果推荐CBTC信号控制系统的市域D型车，两种系统的兼容性和不同运营主体的管理模式需要深入研究。

3）小结

市域快轨的车辆选型，应结合具体线路功能定位和技术条件，不同车型的功能性及经济性指标比选分析。根据项目上位规划对出行时间要求，不同车型的旅行速度、与站间距的适应性、与客流规模的匹配性等要求，确定车辆安全、速度、运能、舒适度等指标，按照是否与国家铁路互联互通，选择互通性要求的车辆类型，并对比经济成本经综合比选后确定。

3.1.3 供电制式对车辆的影响

1）国内外供电制式选择

国内外各大车辆制造商针对不同供电方式的线路研发了与之相适应的车辆，包括DC750V、1500V、3000V供电方式的车辆和AC20kV、AC25kV供电方式的车辆以及具备交直流两种供电方式的车辆，各种车型在国内外已有广泛、成熟的应用，见表3-5。从国内外供电制式选择经验来看，市域快轨应优先选择国内现有的AC25kV、DC1500V供电制式，其中最高运行速度120km/h以上的车辆大多采用AC25kV供电制式。

不同供电方式车型一览表　　表3-5

序号	国内外	线　路	车　型	制　造　商	最高运行速度（km/h）	供电方式	供电电压（V）
1	国外	日本成田机场线	AE型车	日本车辆制造株式会社	160	架空接触网	DC1500
2		日本福冈机场线	2000型车	日本车辆制造株式会社	75	架空接触网	DC1500
3		关西空港线	281系	川崎重工	130	架空接触网	DC1500
4		仁川国际机场线	1000型车	现代Rotem	110	架空接触网	AC25kV
5		首尔地铁5号线	5000型车	现代Mobis	90	架空接触网	DC1500
6		吉隆坡机场线	Desiro ET425M	西门子股份公司	160	架空接触网	AC25kV
7		戴高乐机场线	MI79型车	阿尔斯通	140	架空接触网	DC1500 AC25kV
8		希思罗机场线	HX	西门子股份公司	160	架空接触网	AC25kV

续上表

序号	国内外	线　　路	车　　型	制　造　商	最高运行速度(km/h)	供电方式	供电电压(V)
9	国外	曼谷苏凡纳布机场	Desiro 360/2	西门子股份公司	160	架空接触网	AC25kV
10		日本筑波快线	TX = 2000	日立	130	架空接触网	DC1500 AC25kV
11		阿尔卑斯山到利牛斯山脉铁路		庞巴迪	160	接触网	DC1500 AC25kV
12		英国区域铁路		庞巴迪	160	接触网/接触轨	DC750 AC25kV
13		格鲁吉亚铁路		中国中车	120	接触网	DC3000
1	国内	北京地铁首都机场线	L 型车	长客股份	100	接触轨	DC750
2		北京地铁大兴机场线	CRH6S 型动车组	中国中车	160	架空接触网	AC25kV
3		广州地铁白云机场线	B 型车	中国中车	120	架空接触网	DC1500
4		深圳市城市轨道交通 11 号线	A 型车	中国中车	120	架空接触网	DC1500
5		上海轨道交通 16 号线	A 型车	中国中车	120	接触网/接触轨	DC1500
6		成都轨道交通 17 号线/18 号线	市域 A 型车	中国中车	140	架空接触网	AC25kV
7		香港地铁机场线	Adtranz-CAF	Adtranz 设计 CAF 制造	135	架空接触网	DC1500
8		温州轨道交通 S1 线	CRH6S 型动车组	中国中车	160	架空接触网	AC25kV
9		台湾桃园捷运机场线	1000 型	川崎重工	100	接触轨	DC750
10		东莞轨道交通 2 号线	B 型车	中国中车	120	架空接触网	DC1500

2)交流制式、直流制式比选

从技术成熟度和国产化的角度考虑,国内尚无 DC3000V 供电制式的应用案例,相关标准和规范也没有形成。因此,目前国内车辆的供电制式选择主要集中在 DC1500V 和 AC25kV 中,见表 3-6。

直流和交流供电制式对比表　　表 3-6

项目	交流制式	直流制式
牵引网供电形式	单边供电	双边供电
牵引变电所供电范围	电压等级高,供电范围大	电压等级低,供电范围小
牵引变电设施数量	少。 各种接线结构相对简单,牵引供电工程投资小	多。 各种接线结构相对复杂,牵引供电工程投资大
牵引网结构	在列车功率相同的前提下,牵引电流小,牵引网截面积小,结构相对简单	在列车功率相同的前提下,牵引电流大,牵引网截面积大,结构相对复杂

续上表

项目	交流制式	直流制式
设计速度目标值	采用柔性架空接触网，目前国内已运营线路最高运行速度为350km/h	采用接触轨或架空接触网，目前国内已运营线路最高运行速度为120km/h
供电安全性	牵引网电压等级高，要求的安全防护距离大	牵引网电压等级低，要求的安全防护距离小
对隧道净空的影响	电压等级高，爬电距离大，对隧道净空要求大	电压等级低，爬电距离小，对隧道净空要求小
对电力系统的影响	产生三相不平衡和少量谐波，对电力系统电能质量有一定影响	产生少量谐波，对电力系统电能质量有一定影响
防护处理	需进行电磁干扰防护，但可通过增设回流线进行防护，处理相对简单	需进行杂散电流腐蚀防护，需设置杂散电流监测系统，防护涉及专业众多、防护效果很难保证，相对复杂
运营费用	牵引变电设施少，需工作人员少；电压等级高，电能损耗小	牵引变电设施多，需工作人员多；电压等级低，电能损耗大

3）供电制式对车辆自重、车辆最高运行速度及车辆造价的影响

不同供电制式及最高运行速度车辆造价表见表3-7。

不同供电制式及最高运行速度车辆造价表　　表3-7

项目		DC1500V	DC3000V	AC25kV	DC1500V/AC25kV
车辆自重		基准	基准	增加约115%	增加约115%
最高运行速度		120km/h 及以下	无限制	无限制	直流段120km/h 及以下/交流段无限制
车辆造价	120km/h	900万元	—	—	—
	140km/h	1000万元	无增加	增加15%～20%	增加20%～30%
	160km/h	1100万元	无增加	增加20%～30%	增加30%～40%

注：本造价根据相关项目车辆选型报告及国内外调研得到。

4）供电制式对运营能耗的影响

供电制式与运营能耗表见表3-8。

供电制式与运营能耗表　　表3-8

供电方式	能耗	备注
DC1500V	比较基准	—
DC3000V	增加0%	变化不明显
AC25kV	增加10%～20%	车辆自重增加使能耗增加
DC1500+AC25kV	增加10%～20%	车辆自重增加使能耗增加

5）小结

①双流制车辆购置费用高、车辆检修维护工作量大，一般用于既有线路和新建线路的互联互通使用，极少作为不受控新建项目的第一选择。

②速度目标值低于120km/h时，从国内外实际工程应用情况来看，交、直流供电制式均可选用。此时速度目标值并非决定因素，供电制式选择更多取决于线网资源共享等因素。

③速度目标值为120km/h以上时，若采用直流供电制式，车辆功率配备及性价比、研制成本大幅增加，同时与之配套的直流牵引供电系统成本也大幅上升。从弓网受流质量和牵引供电系统配套来讲，采用交流牵引供电制式更优。

3.1.4 研究结论

①目前国内市域快轨主要采用市域A型车、B型车、D型车或CRH6型动车组。随着市域快轨的规划建设和技术发展，市域快轨系统制式的选择或更加灵活多样。但是，在市域快轨规划设计时，应根据网络规划和运营角度出发，结合线路功能定位和技术条件以经济高效的原则和方向确定车辆选型。首先需要从国家和行业层面进行分类的标准化、系列化和规范化。

②根据列车的最高运行速度，对于最高运行速度120km/h及以下的车辆，交、直流供电制式均可选用，主要取决于线网资源共享关系等因素。

③由于交直流供电方式存在诸多差异，在具体实施时，还需要结合线路特征、供电质量、工程投资等进一步研究。对于最高运行速度为140～160km/h的车辆，优先采用AC25kV架空接触网。

3.2 最高运行速度

速度目标值是轨道交通项目最重要的技术标准之一，是确定全线工程规模、系统制式、设备配置以及工程投资的重要基础。速度目标值研究的基本思路是：根据城市交通圈层规划，确定出行时间目标值，研究不同速度目标值的工程投资、与时间目标值的适应性、与车站分布的适应性等，进而确定合理的速度目标值。

3.2.1 时间目标的确定

1）平均出行时耗分析

城市居民的人均日出行时耗具有一定的稳定性，在城市发展早期，随着城市规模的扩大，出行时耗相应增加；在城市化后期，出行时耗趋于稳定。理论上，就业者居住地距离城市中心区越远,通勤时耗越长,但就业人口至就业中心的就业比例也会随距离增加而降低,超过接受的通勤出行时间后,居民就会放弃长距离通勤出行。因此,在两方面因素的共同作用下,大都市区各圈层通勤出行时间一般呈现先上升后下降的规律,如图3-6所示。

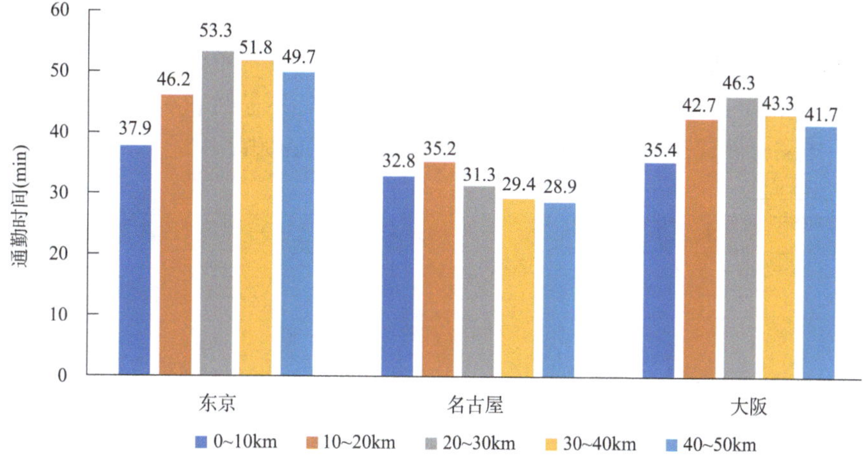

图3-6 东京、名古屋和大阪分圈层平均通勤时间分布

与国外大都市区相比,目前我国城市人口主要集中在城市中心区范围,居民出行时耗约为30min,见表3-9。未来随着城市规模的继续拓展,居民出行时耗还将上升。

我国各城市居民出行平均时耗　　表3-9

城　市	平均出行时耗(min/次)	城　市	平均出行时耗(min/次)
北京	38	深圳	29
杭州	30.2	南京	30.6
合肥	28.7	扬州	25.6
常州	26	南通	25.2

2)向心通勤出行时耗分析

城市向心通勤出行时耗特征一方面反映了城市尺度和居民出行的关系,另一方面也反映出居民通勤出行可忍受的最长时间。成熟大都市区各圈层通勤出行时耗分布特征表现为:大都市区居民平均通勤出行时耗约45min,外围郊区汇入城市中心区的向心通勤出行时耗不超过1h;城市中心区内部居民30min即可达核心区内就业岗位;城市外围区居民平均30～45min即可达到城市中心区就业岗位;郊区向心通勤出行时耗不超过1h,这也是城市居民通勤出行时耗的最大可接受值。

《国务院办公厅转发国家发展改革委等单位关于推动都市圈市域(郊)铁路加快发展意见的通知》(国办函〔2020〕116号)明确了市域(郊)铁路新建线路主要技术标准,要求市域(郊)铁路单程通行时间不宜超过1h。

3)各圈层旅行速度要求

结合国内外城市关于居民通勤出行时耗的分布特征分析,可以初步设定基于轨道交通的大都市区各圈层轨道交通服务需要达到的基本目标:城市中心区范围内居民向心通勤出行(到达5km圈层的核心区)时间不超过30min,城市外围区居民向心通勤出行时间不超过45min,郊区居民向心通勤出行时间不超过1h。

结合大都市区圈层尺度(图3-7)和轨道服务时间目标,可以初步确定轨道交通旅行速度需要达到的基本水平是:城市中心区轨道交通服务时间目标不超过30min,轨道交通的旅行速度需要达到30~40km/h;城市外围区轨道交通服务时间目标不超过45min,轨道交通的旅行速度需要达到40~55km/h;郊区轨道交通服务时间目标不超过60min,考虑两端平均接驳出行时间约15min,轨道交通的旅行速度需要达到50~60km/h。

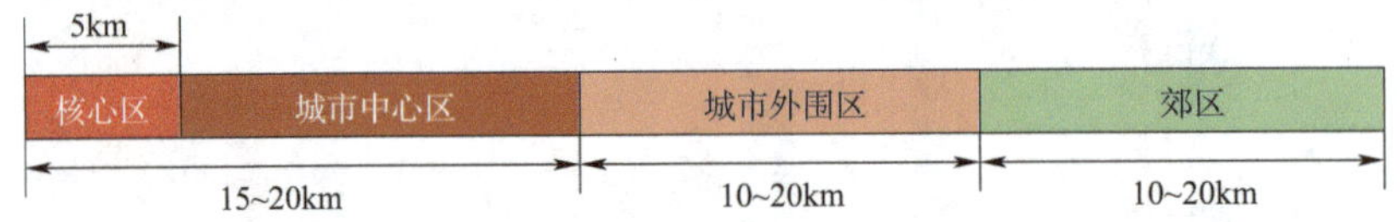

图3-7 大都市区各空间圈层尺度

3.2.2 站间距与旅行速度

市域快轨是中心城与外围城镇和枢纽的重要联络通道,以缩短乘客出行的时空距离,提高旅行速度为首要目标。一般可按1h的全程时间目标确定旅行速度,也可按规定距离内的时间目标选择旅行速度,从而确定线路的最高运行速度和适宜的站间距。提高旅行速度需要提高车辆最高运行速度或速度效率,但同等条件下速度越高,能耗越大。因此,提高旅行速度,尽量不采用提高车辆最高运行速度,而宜采用拉大站间距方式以充分发挥速度效率,同时符合节能要求。

为精细化研究站间距与旅行速度的关系,经牵引计算得出表3-10。该表反映了车辆最高运行速度、站间距、旅行速度、速度效率的关系。

市域快轨最高运行速度与站间距的关系　　表3-10

项目	准快速		1级快速		2级快速		3级快速			
线路运营长度	≤45km		≤50km		≤60km		≤70~80km			
最高运行速度 v_{max}(km/h)	80		100		120		140		160	
最高速度百分比	旅行速度(km/h)	站间距(km)	旅行速度(km/h)	站间距(km)	旅行速度(km/h)	站间距(km)	旅行速度(km/h)	站间距(km)	旅行速度(km/h)	站间距(km)
$v_{max}\times 50\%$	40	1.4	50	2.0	60	2.8	70	4.0	80	5
$v_{max}\times 60\%$	48	2.2	60	3.0	72	4.3	84	6.0	96	7.8
$v_{max}\times 70\%$	56	3.6	70	4.9	84	7.0	98	10.0	112	12.9
$v_{max}\times 80\%$	64	7.1	80	9.4	96	13.0	112	20.3	128	25.6

注:按80km/h≤v_{max}≤120km/h计算参考DC1500V受电,A型/B型车辆;140km/h≤v_{max}≤160km/h计算参考AC25kV受电,C型/D型车辆。

从表3-10可看出站间距越大,速度效率越高,旅行速度越高。如采用3km的平均站间距，采用100km/h或120km/h的车辆均可达到旅行速度60km/h，而对应的速度效率分别为60%和50%，但从节能角度考虑应采用100km/h的最高运行速度。在车辆最高运行速度不同但加减速度基本接近的情况下，可实现在相同的距离内采用不同最高运行速度而达到相同的旅行速度，从而提高速度效率和节省能耗。根据牵引计算，恒速运行时间达到30～60s，旅行速度可达到最高运行速度的50%～60%，速度效率增长曲线基本呈直线递增，此时能发挥最佳速度效率状态。因此，市域快轨宜将速度效率50%～60%作为选择站间距和最高运行速度的基准。

3.2.3 速度目标值选择的经济性分析

不同速度目标的经济性分析主要有以下几个方面：车辆购置费比较、牵引供电系统比较、建筑限界比较等。

1）车辆购置费比较

不同速度车辆的购置费差别主要是由车辆购置数量及车辆单价不同引起的。在线路长度及运营交路方案相同的情况下，旅行速度高则车辆周转快，需要的运用车数少，需购置车数就少，反之则引起购置车数量增加。不同速度车辆单价也不同，以某市域快轨为例，初期交路长度为58.6km，近、远期为62.9km，其不同速度目标值（120km/h、140km/h、160km/h）对车辆购置的影响见表3-11所示。可见，随着速度目标值的提升，车辆购置费呈现上升的趋势。

不同速度目标值对车辆购置的影响　　表3-11

项　目	120km/h		140km/h		160km/h	
	配属车（列/辆）	购车费（亿元）	配属车（列/辆）	购车费（亿元）	配属车（列/辆）	购车费（亿元）
初期	25/150	14.25	24/144	15.84	23/138	16.56
近期	30/180	17.10	28/168	18.48	27/162	19.44
远期	42/252	23.94	40/240	26.40	39/234	28.08

注：速度目标值120km/h、140km/h和160km/h的车辆购置费用分别为950万元/辆、1100万元/辆和1200万元/辆。

2）牵引供电系统比较

不同速度车辆列车的牵引、制动等性能不同，其牵引耗电量差别较大，一般来说行车速度越高，牵引年用电量越高，运营费用增加越大。图3-8为某地铁线路列车起动阶段的阻力功耗和动能功耗示意图，从图中可以看出，阻力功耗远小于动能功耗。

考虑到列车功耗与列车走行距离的关系更有研究意义，图3-9为最高运行速度120km/h的某地铁线路列车在列车自动运行系统（ATO）限速115km/h条件下从起动，到巡航10s的牵引功耗曲线，以及某地铁线路列车以最高运行速度95km/h、75km/h运行相同距离的牵引功耗曲线。

本书以国内某线路为例，按80km/h的6辆编组A型车为基准，线路长28.8km，设9座车站，平均站间距3.5km，速度增加至100km/h或120km/h，全年电费递增32%和88%，据法国地铁报道，对地铁最高运行速度由100km/h下降至70km/h，将节约能耗30%，见表3-12。因此，单方面考虑提高车辆最高运行速度可能带来能耗大幅增加的负面影响。

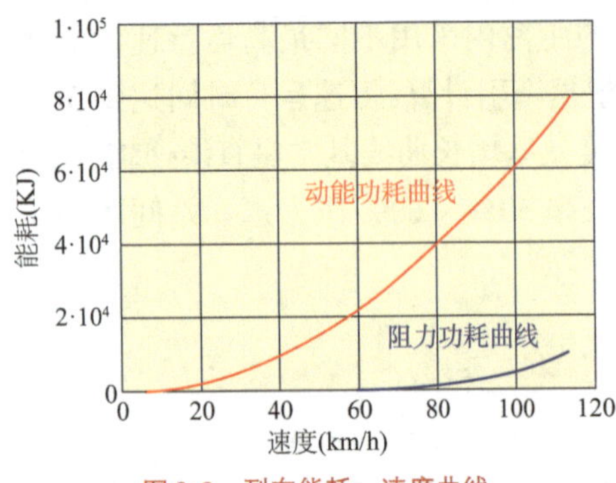

图3-8　列车能耗—速度曲线

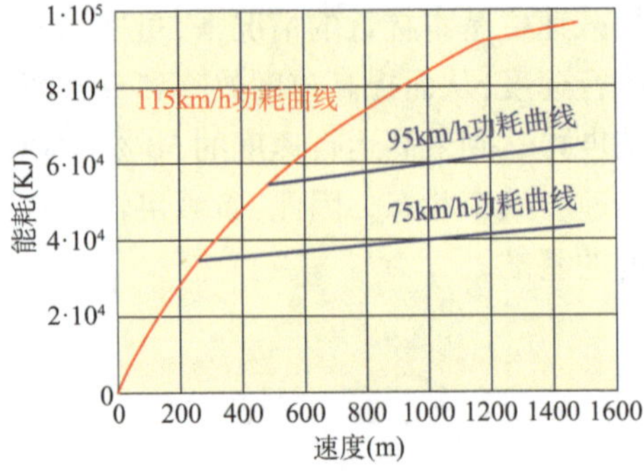

图3-9　列车能耗—距离曲线

旅行速度、时间及能耗的对比　　表3-12

旅行速度		80km/h(0%)		100km/h(+25%)		120km/h(+50%)	
全线旅行时间(min)		67.80	0%	62.25	-8.2%	58.94	-13.0%
小交路旅行时间(min)		39.9	—	36.4	—	34.3	—
远期全日能耗(万kW·h)		49.22	—	64.80	—	92.33	—
远期全日电费(万元)		38.39	—	50.54	—	72.02	—
远期年能耗(万kW·h)		17965.3	—	23652	—	33700.45	—
远期全年电费(万元)		14012	0%	18447	+32%	26287	+88%
配属列车	初期	18	—	17	—	16	—
	远期	71	—	66	—	65	—
车辆段用地(ha)		46	—	43	—	42.4	—

3)建筑限界比较

我国A型车、B型车的车辆限界、设备限界和建筑限界已在《地铁限界标准》(CJJ/T 96—2018)和《地铁设计规范》(GB 50157—2013)中作出规定。

研究表明：地铁车辆若采用80km/h的速度目标值(允许瞬时超速5km/h)，维持现行地铁设计限界标准不变；如果采用100km/h的速度目标值(允许瞬时超速5km/h)，维持现行地铁设计限界标准不变；如果采用120km/h的速度目标值，则应根据乘客的舒适度标准，依据列车车辆密封性指标和区间隧道断面的阻塞比校核隧道断面的净空面积，并适当增加断面尺寸。

为将压缩波控制在适当范围(需同时考虑人体舒适标准和隧道内的设备安全)，采用最高运行速度为120km/h的列车，隧道断面净空面积为28m^2(参考深圳市轨道交通11号线标准)；采用最高运行速度为140km/h的列车，隧道断面净空面积至少提高为31m^2；采用最高运行速度为160km/h的列车，隧道断面净空面积至少提高为42m^2。

总之，列车速度目标值越高，所需隧道断面面积越大。

3.2.4　研究结论

在满足交通规划的基础上，结合线路长度、曲直形态、站间距分布和时间目标等因素确

定市域快轨的运营速度,建议从以下几方面考虑:

①定时间目标:按线路长度和功能定位,确定不同区段(或全程)的时间目标。

②定速度效率:确定旅行速度占最高运行速度的比例,发挥速度效率,以50%~60%为宜。

③定合理站距:适当拉大站间距是提高旅行速度的有效途径,但应以不影响客流效益为原则。

④定最高运行速度:主要有120km/h、140km/h、160km/h三个等级。

⑤定工程投资:比较不同速度的建设成本、车辆购置费、牵引耗电量成本等。

3.3 车辆定员和站立标准

3.3.1 立席密度与舒适度的关系

列车上乘客的舒适度,考虑的因素较多包括乘客密度、温度、湿度、空气品质、照明、生物力学(挤压情况)、振动、列车运行的平稳性、乘客空间、噪声、时长等生理因素和心理因素,应进行综合舒适度评价。立席密度需重点考虑以下因素。

1)乘客空间需求

不同的乘客占用空间对舒适性有较大影响。城市轨道交通车厢内的立席密度取值直接影响到乘客的占用空间。不同拥挤程度下的乘客舒适度水平相差较大:宽松自由的环境中,乘客较为舒适;而拥挤状态下,乘客由于身体不适,舒适感急剧下降。如图3-10所示,乘客对空间舒适性的需求包括基本空间需求和心理空间需求。

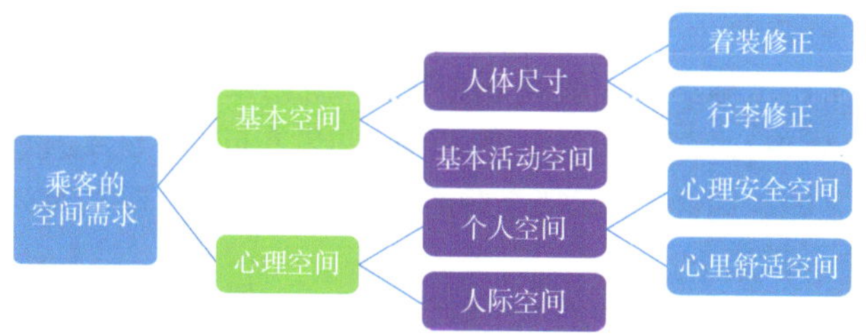

图3-10 乘客空间需求

2)立席密度与乘客空间舒适度需求

(1)乘客空间舒适度调查

根据对乘客感知空间舒适性(拥挤程度)调查,得到了乘客对不同拥挤状况的感知舒适度。表3-13是立席密度与舒适度的关系,其中认为某种立席密度情况下乘客感到舒适所占的比例即为该情况下舒适度得分。

立席密度与舒适度的关系　　表 3-13

占用空间情况	1	2	3	4	5	6
立席密度（人/m²）	1.17	2.54	3.39	4.34	5.68	6.65
舒适度（%）	98	98	94	77	31	12

（2）舒适度等级与立席密度划分

舒适度等级与立席密度划分见表 3-14。图 3-11 为乘客空间舒适度曲线。

舒适度等级与立席密度划分　　表 3-14

舒适度等级	立席密度范围（人/m²）	乘客空间需求（人/m²）	
乘客可以自由走动，十分宽松	<1.9	心理舒适空间	0.76
乘客可以看书报，比较宽松	[1.9,3.32)	心理安全空间	1.75
部分乘客可以看书报，有一定宽松度	[3.32,4.27)	行李修正	4.21
乘客稍微可以活动，有些拥挤	[4.57,5.22)	—	—
乘客身体有接触，需错位排列，比较拥挤	[5.22,5.94)	基本活动空间	5.31
乘客活动艰难，非常拥挤	≥5.94	着装修正	6.19
		着装修正（困难）	7.87

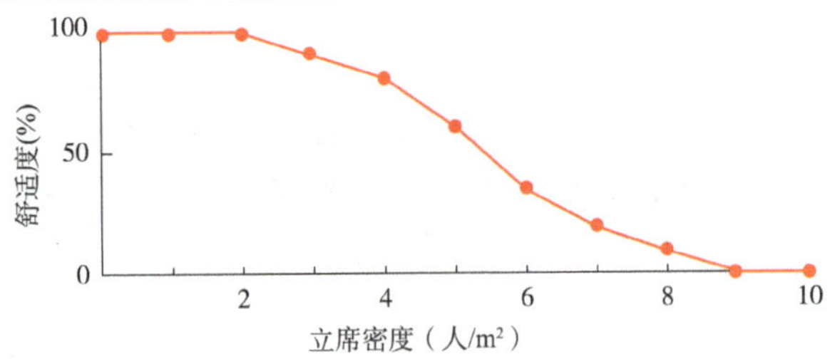

图 3-11　乘客空间舒适度曲线

资料来源：吴奇兵，《城市轨道交通车厢合理立席密度的研究》，2015。

3.3.2　国内外相关站立标准

理论上，提高立席密度标准可以提高线路运能，但如果立席密度标准过大，车厢乘客过于拥挤就会影响乘降效率，进而影响列车停车时间和发车间隔，导致通过能力和乘车舒适度下降，又制约了线路运能。因此，立席密度对系统运能的影响体现在对列车设计载客容量和对线路通过能力的综合作用上。

1）国内站立标准

相关行业标准如下。

（1）《市域（郊）铁路设计规范》（TB 10624—2020）

定员工况下，车辆车厢内有效空余地板面积站立人数不宜大于 4 人/m²。车辆座位率不宜低于设计载客量的 25%。

（2）《城市轨道交通工程项目建设标准》（建标 104—2008）

车辆的座位数宜占总定员的 15% ~20%，该指标即为车辆座位率标准，而表 3-15 中则是关于立席密度的评价标准。按此标准,乘客立席密度划分为以下几个等级:3 人/m² 及以下为舒适度标准;4 ~6 人/m² 为拥挤度标准;7 ~9 人/m² 为超定员标准。

车内乘客站立人员密度评价标准　　表 3-15

站立密度	乘客拥挤情况	评价标准
3 人/m²	乘客可以自由流动,十分宽松	舒适
4 人/m²	平均每位乘客占 0.5m×0.5m 的空间,有较大宽松度,乘客可以看书报	良好
5 人/m²	平均每位乘客占 0.5m×0.4m 的空间,有一定宽松度,部分乘客可以看书报	良好
6 人/m²	平均每位乘客占 0.5m×0.33m 的空间,感到不宽松、不拥挤,稍可活动,是舒适度的临界状态	临界状态(定员标准)
7 人/m²	平均每位乘客占 0.47m×0.3m 的空间,感到有些拥挤,站席范围有些突破	有些拥挤
8 人/m²	平均每位乘客占 0.42m×0.3m 的空间,身体有接触,需错位排列,并突破站席范围,感到比较拥挤	比较拥挤
9 人/m²	平均每人占有的空间非常拥挤,需突破站席范围,挤入座席区,此情况偶有可能出现(车辆制造强度必须满足)	非常拥挤(超员标准)
10 人/m²	乘客突破站席范围,挤入座席区,极为拥挤,难以忍受,影响上、下车行为和总时间,属极端情况	难以忍受

(3)《地铁快线设计标准》(CJJ/T 298—2019)

地铁快线车辆车门数量、车厢客室布置形式和座席率应符合线路功能定位对服务标准的要求,车厢有效站立空间乘客人数设计标准宜按 4 ~5 人/m² 计算列车设计载客量,且座席率不宜低于 20%。

(4)《市域快轨交通技术规范》(T/CAMET 01001—2019)

市域快轨应根据线路功能定位、客流出行需求等确定车厢座椅布置形式及站席舒适度标准,车厢站席舒适度可控制在不超过 4 人/m²。

(5)《市域快速轨道交通规划与设计导则》(RISN—TG032—2018)

市域快轨列车应根据线路与客流特征,适当提高座位比例(或座站比),降低站席密度,并按高峰小时运行交路和客流断面,计算和分析各个区间列车内平均站席密度,分段评价拥挤度和忍耐度,并参照下列规定评价行车组织的合理规模。

站席密度为 5.5 ~6 人/m² 区段内,连续乘行时间不宜大于 3min,仅限出现一个区间。

站席密度为 5 ~5.5 人/m² 区段内,连续乘行时间不宜大于 5min。座位率宜为设计载客量的 15% ~20%。

站席密度为 4 ~5 人/m² 区段内,连续乘行时间不宜大于 10min。座位率宜为设计载客量的 20% ~25%。

站席密度为 3 ~4 人/m² 区段内,连续乘行时间不宜大于 15 ~20min。座位率宜为设计载客量的30%左右。

在机场、高铁枢纽或特殊地区的直达专线，舒适度要求较高，站席宜为2~3人/m²，座位率宜为设计载客量的40%~50%。

(6)《市域快速轨道交通设计规范》(T/CCES 2—2017)

市域快轨车辆车厢内有效空余地板面的乘客站立面积宜按4人/m²计算。当服务于中心城区出行客流时，可按现行有关城市轨道交通标准执行。

相关地方标准如下。

①《北京轨道交通工程设计规范》(DB11/995—2013)总则中要求"本规范对《地铁设计规范》(GB 50157—2013)的立席人员密度标准进行了调整，采用4.5~5人/m²的标准"。

②《上海市轨道交通工程技术标准》(STB/ZH—2010)4.1.5中要求"一般市区线路最大站立密度不宜高于5人/m²，长大线路可适当增加座位比例，降低站立密度"。

③《广州市轨道交通新线工程设计技术标准》1.0.8中要求"车辆定员数为车辆座位数和空余面积上站立的乘客数之和。车厢空余面积定员数宜按每平方米站立4~5名乘客计算"。

④《成都市地铁设计规范》(DBJ51—T074—2017)5.1.1中要求"运营组织中车厢内有效空余地板站立人数按照5人/m²计算"。

2)国外标准

(1)美国站立标准

美国没有统一的、针对所有城市轨道交通建设项目的、需严格遵守的发行文本。而是在美国《公共交通通行能力和服务质量手册》的基础上，针对不同的建设项目，编制相关的设计标准。

美国《公共交通通行能力和服务质量手册》依据不同情况将服务等级分为A~F六级，见表3-16。

美国载客量服务水平等级评定标准表　　表3-16

服务水平	人/座	m²/人	人/m²	备　注
A	0~0.5	>1	<1	乘客不需挨着座
B	0.50~0.75	0.75~1	1~1.32	乘客可以选择座位
C	0.75~1	0.50~0.75	1.32~2	所有乘客均有座位
D	1~1.25	0.35~0.5	2~2.86	站立乘客可以较舒适的站立
E	1.25~1.5	0.2~0.35	2.86~5	额定定员
F	>1.5	<0.2	>5	载客量超过乘客忍受度

由表3-16可知，该手册对载客量服务水平等级的评定标准包含两项指标：一是每位乘客的占地面积(m²/人)；二是每个座位的平均乘客数量(人/座)。该标准与我国站立密度标准每平方米站立人数(人/m²)有所差别，美国的相关指标是分别针对以座席为主的车辆和以站席为主的车辆提出的标准。不仅对站立密度标准做了解释，还提出了车辆座位率的衡量指标，更能体现服务水平。其中额定定员中站立密度为2.86~5人/m²，见表3-17。

不同类别乘客占用空间 表 3-17

乘客类别	占用空间(m^2)	乘客类别	占用空间(m^2)
站立姿态	0.15～0.20	带自行车	1.60～1.90
带公文包	0.25～0.30	拉扶手站立	0.25
带旅行背包	0.30～0.35	最小坐姿空间	0.25～0.30
带行李箱	0.35～0.55	较紧凑的坐姿	0.35
带婴儿推车	0.95～1.15	舒适的坐姿	0.55

虽然美国不同城市会制定城市轨道交通项目的地方设计标准，但其中车辆定员和客舒适度的设计标准差异不大，车辆定员立席密度可根据站立乘客舒适度划分为四个层次：

舒适定员标准（Comfort Loading Standard）：3 人/m^2，为设计者期望的城市轨道交通线路运营时绝大多数时间的最大立席密度。

设计定员标准（Design Loading Standard）：4 人/m^2，为大型活动等特殊情况下所允许承载的乘客数量限值，但按此标准的持续行驶时间不得超过 10min。

超载定员标准（Crush Loading Standard）：6 人/m^2，为正常运营时载客人数的上限。

结构定员标准（Structural Loading Standard）：10 人/m^2，为车辆结构所能承受的最大荷载而决定的最大载客数。

（2）日本标准

目前，日本新设计的地铁车厢站立标准计算原则是按照坐在座位上、抓住吊环、扶住门附近的柱子的乘客数量计算定员。以此标准，其列车设计站立密度为 3 人/m^2，在实际运营中允许超员。日本评定标准是以站立密度标准进行评介的，并引入拥挤度的概念，其含义为不同拥挤度下车厢内的状态，见表 3-18。

日本拥挤度和站立密度评定标准（单位：人/m^2） 表 3-18

拥挤度	站立密度	乘客拥挤情况
100%	3	可坐在座位上、可抓住吊环或者扶住门附近的柱子
150%	4	肩膀相碰，还可以轻松地看报纸
180%	5	身体相接触，还可以看报纸
200%	6	身体接触，会有压迫感，能够勉强看杂志
250%	7.5	列车变速时身体发生倾斜，不能够移动

（3）欧洲标准

俄罗斯标准为 4.5 人/m^2，该立席密度标准可以保证乘客的舒适性。莫斯科作为国际化大都市，地铁客运量居世界首位，其运营效率仅次于纽约。伦敦地铁平峰时期的立席密度标准约为 3.3 人/m^2，但实际运营时，高峰时期区域立席密度能达到 7.14 人/m^2。

欧洲其他国家标准略低，为 4 人/m^2左右。维也纳地铁则基本代表了欧洲的一般水平，定员标准为 4 人/m^2，高峰时期定员标准为 6 人/m^2。

对于具有 100 多年轨道交通发展的欧洲发达国家，在车辆选型时不仅需满足于地铁的运营需求，还对轨道交通服务水平予以了足够的关注。在车厢站立标准方面，欧洲城市轨道交通车辆的站立密度大多按 4 人/m^2计。

3.3.3 立席密度与运能规模

为了说明车辆定员与座席率、立席密度与运能的关系，列举不同类型的列车数据，见表3-19、表3-20。根据以上相关规范及标准，市域快轨的站立标准一般不低于4 人/m²，因此，以下将对4 ~6 人/m²的站立标准下的定员进行分析，如图3-12 ~ 图3-19 所示。

1)A 型车

A 型车不同座席率及立席密度(4 ~6 人/m²)下的定员　　表3-19

车辆乘员		立席密度和立席定员(人/m²)											
		5 车门全纵列式			3 车门2 +2 全横列式			4 车门2 +2 全横列式			5 车门纵横混合式		
		6	5	4	6	5	4	6	5	4	6	5	4
单司机室车辆	座席(人)	56	56	56	64	64	64	60	60	60	48	48	48
	立席(人)	254	211	169	162	135	108	220	183	147	222	185	148
	合计(人)	310	267	225	226	199	172	280	243	207	270	233	196
无司机室车辆	座席(人)	56	56	56	64	64	64	60	60	60	48	48	48
	立席(人)	254	211	169	174	145	116	220	183	147	222	185	148
	合计(人)	310	267	225	238	209	180	280	243	207	270	233	196
6 辆车	座席(人)	336	336	336	384	384	384	360	360	360	288	288	288
	立席(人)	1524	1266	1014	1020	850	680	1320	1100	880	1332	1110	888
	载客(人)	1860	1602	1350	1404	1234	1064	1680	1460	1240	1620	1398	1176
座位率(%)		18.1	21.00	24.90	27.40	31.10	36.10	21.40	24.70	29.00	17.80	20.60	24.50
满载率(%)		100	86.10	72.60	100	87.90	75.80	100	86.90	73.80	100	86.30	72.60
运能(万人/h)		5.58	4.81	4.05	4.21	3.7	3.19	5.04	4.38	3.72	4.86	4.19	3.53

注：由于A 型车有、无司机室座席数量一致，因此以下仅放无司机室车辆示意图。

2)B 型车

B 型车不同座席率及立席密度(4 ~6 人/m²)下的定员　　表3-20

车辆乘员		立席密度和立席定员(人/m²)											
		4 车门全纵列式			3 车门全纵列式			3 车门2 +2 全横列式			3 车门纵横混合式座位		
		6	5	4	6	5	4	6	5	4	6	5	4
单司机室车辆	座席(人)	36	36	36	40	40	40	50	50	50	46	46	46
	立席(人)	194	162	129	186	155	124	152	127	102	150	125	100
	合计(人)	230	198	165	226	195	164	202	177	152	196	171	146
无司机室车辆	座席(人)	46	46	46	48	48	48	56	56	56	53	53	53
	立席(人)	204	170	136	203	169	135	168	140	112	150	125	100
	合计(人)	250	216	182	251	217	183	224	196	168	203	178	153

续上表

车辆乘员		立席密度和立席定员(人/m²)											
		4车门全纵列式			3车门全纵列式			3车门2+2全横列式			3车门纵横混合式座位		
		6	5	4	6	5	4	6	5	4	6	5	4
6辆车	座席(人)	256	256	256	272	272	272	324	324	324	304	304	304
	立席(人)	1204	1004	802	1183	986	789	977	814	651	900	750	600
	载客(人)	1460	1260	1058	1455	1258	1061	1301	1138	975	1204	1054	904
座位率(%)		17.50	20.30	24.20	18.70	21.60	25.60	24.90	28.50	33.20	25.20	28.80	33.60
满载率(%)		100	86.30	72.50	100	86.40	72.90	100	87.50	75.00	100	87.50	75.10
运能(万人/h)		4.38	3.78	3.174	4.37	3.77	3.18	3.9	3.41	2.93	3.61	3.16	2.71

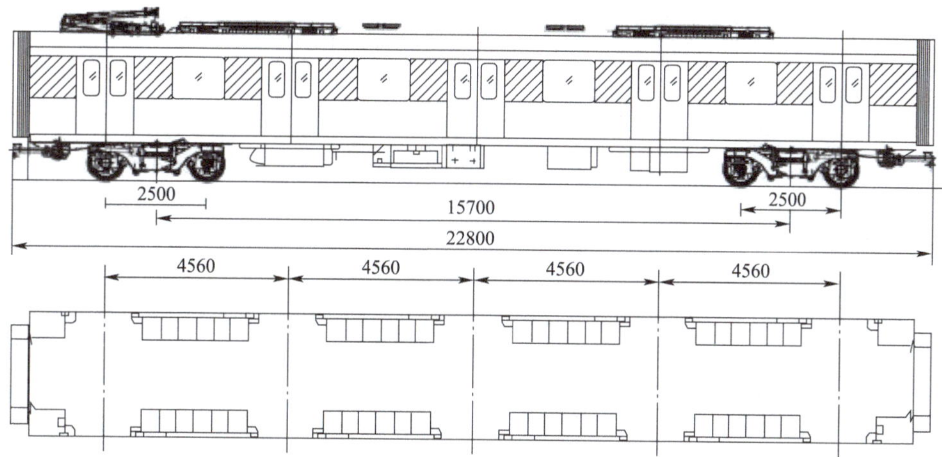

图 3-12　A 型车立面、平面示意图(5 车门,全纵列式座位)

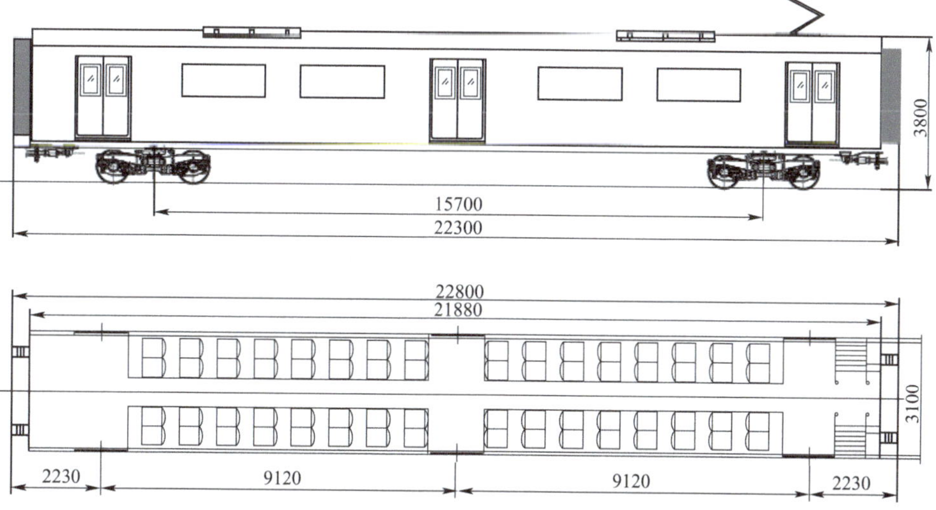

图 3-13　A 型车立面、平面示意图(3 车门,全横列式座位)

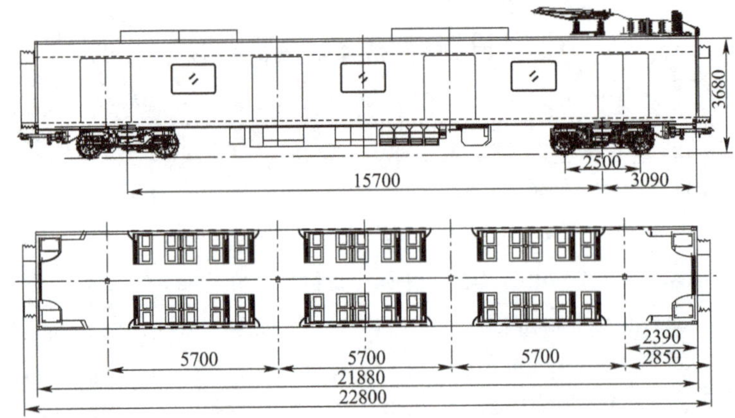

图 3-14 A 型车立面、平面示意图(4 车门,全横列式座位)

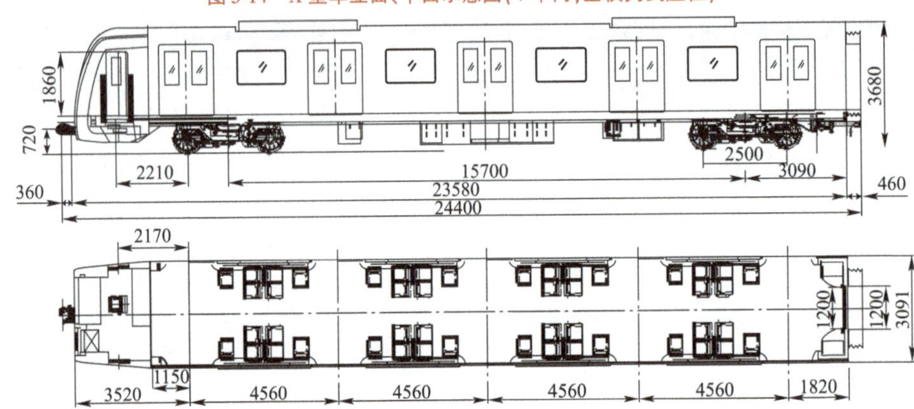

图 3-15 A 型车立面、平面示意图(5 车门,纵横混合式座位)

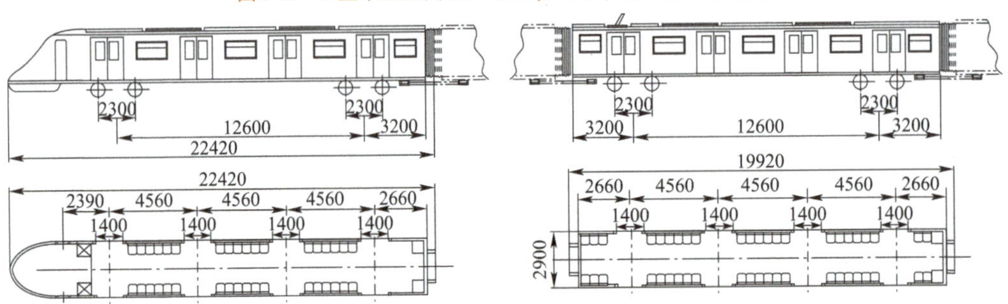

图 3-16 B 型车立面、平面示意图(4 车门,全纵列式座位)

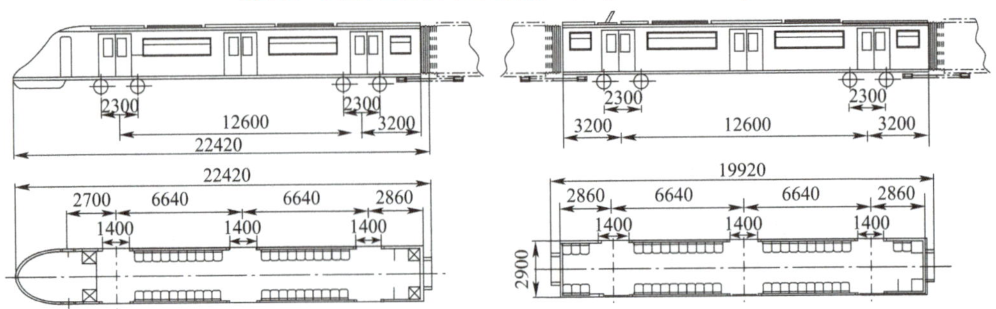

图 3-17 B 型车立面、平面示意图(3 车门,全纵列式座位)

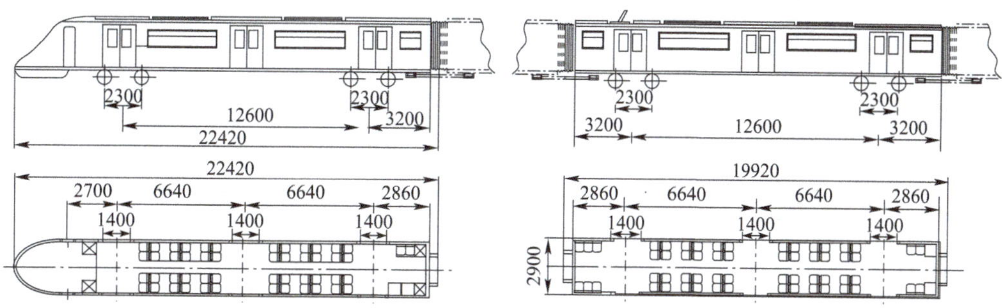

图 3-18　B 型车立面、平面示意图(3 车门,全横列式座位)

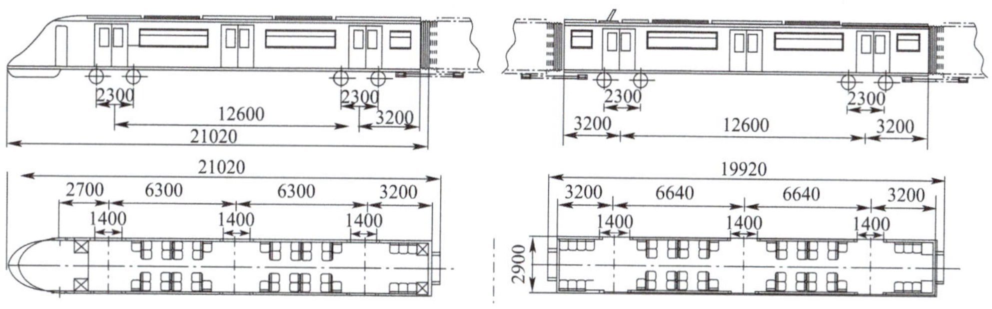

图 3-19　B 型车立面、平面示意图(3 车门,纵横混合式座位)

3)数据分析

以上各项数据可以说明以下问题:

①车辆的定员标准由座席和立席两部分组成,当座席的数量固定时,立席的定员由立席密度确定,定员随立席密度的加大而增多。

②列车的运输能力(万人/h)由车辆编组数量和发车密度(列次/h)计算确定,当发车密度相同时(均按 30 对/h 计),车辆编组是运能的确定因素;但相同编组列车的运能,又取决于立席密度。

③在相同车辆编组和发车密度的情况下,因立席密度不同,每相差 1 人/m^2时,运能相差 13% ~16%。这意味着每减少 1 人/m^2标准,运行车辆的数量需增加 13% ~16%。

3.3.4 研究结论

为探究时间增长与舒适度降低之间的量化关系,根据文献[11]的研究,其采用问卷调研的方式,得到乘客对不同拥挤状况下主观所能接受的站立时长。结果如下:

立席密度越大,乘客可接受的站立时间越短;同一立席密度水平下,舒适度随着站立时长的增加而迅速降低。这种降低的幅度越大,越能反映高密度情况下乘客会迅速感到疲惫、不耐烦的实际情况。

对于 80km/h 的普速线路而言,其一般的旅行速度 35km/h,平均运距 6 ~8km,则乘客一般的乘车时间为 11 ~14min,其站立定员为 5 ~6 人/m^2,对照表 3-21,接受程度为 53.21%。而乘车时间按此接受程度推测线路的站立定员标准,参照表 3-21,乘车时间为 45min,其站立定员为1～2人标准。若按此简单的线性处理，则乘客的乘车时间每增加7.5min，站定标准应下降1人/m²。

乘客对不同“立席密度—站立时长”组合的舒适度接受程度（%） 表3-21

立席密度（人/m²）	时间（min）						
	2.5	7.5	15	25	35	45	60
1.17	100	98.97	97.43	89.20	71.47	46.02	21.85
2.54	100	98.97	94.34	80.21	58.10	26.48	8.74
3.39	100	97.43	88.89	68.64	34.45	12.85	4.37
4.34	100	94.86	75.84	45.50	16.71	7.46	2.57
5.68	100	82.52	53.21	24.16	9.25	4.11	1.03
6.65	100	59.58	32.13	11.37	6.43	2.06	0.51

因此，市域快轨设计时，根据平均运距及平均旅行时间测算的乘车时间，乘车时间越长，所采用的站立标准应越低。以120km/h、140km/h、160km/h的线路为例，若其旅行速度按照最高运行速度的50%测算，则不同站立标准对应的平均运距见表3-22。

不同站立标准对应的平均运距表 表3-22

最高运行速度（km/h）	在车时间（min）/站立标准（人/m²）				
	15/5～6	22.5/4～5	30/3～4	37.5/2～3	45/1～2
120	15	22.5	30	37.5	45
140	17.5	26.25	35	43.75	52.5
160	20	30	40	50	60

对于终止于城市外围的市域快轨，由于大多数乘客需通过换乘其他线路到达中心区，建议在以上参考标准的基础上，再适当降低站立标准。

在机场、高铁枢纽或旅游性质的直达专线，其对于舒适度要求较高，站席宜为1～3人/m²；同时，可采用横列式座席，将座位率提升至设计载客量的50%左右。

3.4 列车运行间隔

市域快轨客流需求一般不如市区线路，更需综合考虑行车间隔及运营成本。

3.4.1 相关规范及标准

（1）《地铁快线设计标准》（CJJ/T 298—2019）

该标准4.1.6节指出，高峰和平峰时段列车的运行间隔和服务标准应符合下列规定：

①在初期阶段，高峰时段市区列车最小运行间隔不宜大于5min，市区外围组团不宜大于10min，同时应与网络化运营后各线列车运行间隔相适应。平峰时段市区最大运行间隔不宜大于10min，市区外围组团不宜大于15min。

②在近期或远期阶段，应根据客流预测值设计高峰时段的运行间隔，平峰时段市区不宜大于6min，市区外围组团不宜大于10min。

③快慢车组合运行线路的所有车站列车运能服务，远期高峰时段不应大于6min，平峰时段不应大于10min。

(2)《市域快轨交通技术规范》(T/CAMET 01001—2019)

该规范6.1.11节指出，市域快轨的行车服务水平，应达到以下要求：

①运营初期：中心城区线路高峰时段列车运行的最小间隔不宜大于5min，平峰时段列车运行的最小间隔不宜大于10min；中心城区以外线路高峰时段列车运行的最小间隔不宜大于15min，平峰时段列车运行的最小间隔不宜大于20min。

②运营远期：中心城区线路高峰时段列车运行的最小间隔不宜大于3min，平峰时段列车运行的最小间隔不宜大于6min；中心城区以外线路高峰时段列车运行最小间隔不宜大于10min，平峰时段列车运行最小间隔不宜大于15min。

(3)《市域(郊)铁路设计规范》(TB 10624—2020 J 2872—2020)

该行业标准5.2.4节指出，市域(郊)铁路各设计年度的列车运行间隔应符合下列规定：

①初期高峰时段不宜大于10min，平峰时段不宜大于15min；远期高峰时段不宜大于4min，平峰时段不宜大于10min。

②利用既有铁路开行市域(郊)列车，列车平均运行间隔应结合既有铁路能力富余情况和客流需求确定，高峰时段不宜大于15min，平峰时段不宜大于30min。

(4)《市域快速轨道交通规划与设计导则》(RISN—TG032—2018)

该导则8.2.9节指出，在客流高峰地段(或大小交路重合段)，初期高峰时段发车对数不小于6对/h(10min)，远期高峰小时不小于20对/h(3min)。平峰时段或高峰时段小交路外地段，发车对数不宜少于4对/h(15min)。

3.4.2 国内外最小行车间隔统计

国内外典型市域快轨高峰小时最小行车间隔普遍在2min，部分线路为3～4min，见表3-23。

国内外典型市域快轨高峰小时最小行车间隔统计 表3-23

序号	市域线名称	行车间隔(min)	序号	市域线名称	行车间隔(min)
1	东京京王线	2	5	大阪南海本线	2
2	大阪阪急神户线	2	6	巴黎RERC线	2
3	东京筑波快速线	2	7	纽约哈德逊线	2
4	东京京叶线	2	8	华盛顿港支线	3

续上表

序号	市域线名称	行车间隔(min)	序号	市域线名称	行车间隔(min)
9	广州地铁3号线	2	13	成都轨道交通18号线、19号线	2
10	香港机场快线	4	14	广州地铁18号线、22号线	2.5
11	香港东涌线	4	15	深圳市城市轨道交通11号线	2
12	北京地铁大兴机场线	3	16	上海轨道交通16号线	2

3.4.3 研究结论

(1)系统最小行车间隔

结合客流特征,市域快轨的线路系统能力一般预留至最小行车间隔为2min。若客流量级较小,其标准不宜比城际铁路的标准低。根据《城际铁路设规范》4.1.2“最小行车间隔应按照运输需求确定,宜为3min”,其系统能力的最小行车间隔不宜大于3min。对于连接中心区与城市外围的市域快轨,在中心区段内的线路可按照最小行车间隔2min预留。若线路运行至城市外围,其客流回落较大,则外围段的最小行车间隔可按3min预留。

(2)初期最小行车间隔

结合目前相关规范及设计实践,市域快轨初期最小行车间隔一般不高于10min。温州S1线自2019年9月28日全线贯通后,日均客流约3万人,为了保证一定的服务频率,其发车间隔固定为10min。市区外围线路的行车间隔可有所放宽,新建线路不宜大于15min;利用既有铁路公交化运营的线路高峰时段不宜大于15min,平峰时段不宜大于30min。

3.5 停车线间距

3.5.1 国内外各大城市配线及停车线设置标准

1)国外各大城市配线及停车线设置标准

(1)莫斯科

莫斯科城市轨道交通配线的形式主要是单渡线、尽头折返线和停车线,且绝大部分配置在环线外部，发挥折返和临时停车功能，不能提供越行等复杂功能；在环线外，一般每隔2~3个区间布置朝向市中心的停车线，只有从市中心方向驶来的列车才可以进入。

(2)纽约

经统计，纽约城市轨道交通每2.5个车站中有一个车站配有辅助线；辅助线形式主要为渡线，停车线设置较少。在线路较长时，也适当配置有少量停车线，例如1号线、2号线、3号线(96 St.-Chambers St.)长度为17个区间，设置了3处停车线和16处渡线。线路较短时，停车线设置更少，甚至不设置，例如B、D、F、V线(42 St.-Canal St.)长度为6个区间，设置了11处渡线，没有设置停车线。虽然停车线设置数量较少，但对于故障列车救援来说，由于大量采用了3线和4线的线路形式，当线路出现故障时，可以利用其他没有故障的轨道继续保持双向运行，同时由于有大量的渡线，列车可以方便地转移到没有堵塞的轨道上来。这一特点与莫斯科正好形成鲜明的对比，莫斯科地铁配线主要以停车线为主。

(3)东京

东京地铁配线设置每3~5个车站配置有辅助线；设置渡线的车站比例高于设置停车线车站的比例。具有停车功能的车站平均间隔一般为4~6.8km，与我国现行相关规定相近。

2)国内市域快轨配线及停车线设置标准

可参照国内相关规范、标准中关于地铁线路及快线停车线分布的相关规定，见表3-24。

国内相关规范、标准中关于地铁线路及快线停车线的分布规定　　表3-24

规范名称	停车线间距	原因
《地铁设计规范》	8~10km	待避线的间隔距离宜按故障列车按25~30km/h的运行速度计，走行时间不大于20min为控制目标，故限制设有故障车待避线的车站间距约8~10km
《地铁快线设计标准》	不宜大于12km	由于地铁快线站点设置数量较少、站间距较大，车站辅助配线的设计较难做到均匀分布并完全满足现行建设标准的相关规定，并且考虑到实际运营中以救援列车开始推动故障列车作为救援结束的时间标记点，因此对停车线间距的规定应按距离来衡量并适当放宽标准
《市域快速轨道交通设计规范》	宜为15km	针对停车线设置间距初步定在15km左右，是基于地铁设计停车线间距10km、救援时间控制在30min基础上，适当放大救援时间至45min而定的
《市域(郊)铁路设计规范》	不宜大于20km	停车线的间隔距离按故障列车40km/h的运行速度，走行时间30min为控制目标，预计一列故障车处理下线退出运行的总时间可控制在45以内，故限制设有故障车停车线的车站间距约为20km

通过以上相关规范及标准的梳理，可以得出以下意见：

①客车救援时间基本按45min控制。

②由于推送走行速度(基本按照30~40km/h)和推送走行时间(按照20~30min)的组合不同，导致停车线距离分布不同。若按照20min/30km的组合测算，停车线分布为10km；若按照30min/40km的组合测算，则停车线分布为20km。

3.5.2 故障救援模式分析

1）发生故障停车至故障车启动

①故障列车自救时间。列车发生故障停车后，列车司机向值班主任和调度部门通报故障信息，调度及时将后续列车扣停在后方车站，同时通知备用车司机上备用车。故障列车尝试自救，当确认故障列车不能启动或达到必须救援时间界限，由值班主任决定救援，该段时间通常取5～10min。上海、广州、深圳地铁救援模式见表3-25。

上海、广州、深圳地铁列车救援模式对比分析表[13]　表3-25

模式	相关原则及规定	优缺点分析
上海地铁	1. 上海轨道交通采用5+5救援模式： ①列车司机首次故障判断处理的时间为5min，若5min故障未排除，行调询问司机是否进入第2个5min排故，指导司机及总调驻勤检修人员进行技术支持。 ②第2个5min排故时间到达时，若故障仍然存在，停止排故启动救援预案。 ③故障车司机确认电客车故障无法处理时，应立即向行调请求启动救援预案。 2. 上海轨道交通列车故障救援原则： 遵循"安全第一，正向救援、尽快恢复正线运营"的原则，以利于其他列车的正常运行秩序，优选故障列车回库处理。救援列车牵引故障列车运行，以列车自动保护系统（ATP）切除方式驾驶，区间限速40km/h，进站及侧向过岔限速30km/h；救援列车推进故障列车运行，应切除ATP驾驶，运行限速30km/h，保证二站二区间空闲，经过有岔区段要确认防护信号	优点：给予司机充分的故障处理时间，避免了一定程度的故障误救援。 缺点：由于排故时间的延长，对全线运营影响较大，一旦启动救援预案，会造成运营大间隔
广州地铁	广州地铁列车采用3+2救援模式： ①首次故障判断处理的时间为3min，3min未处理好询问是否再需要2min继续处理，同时后续救援列车清客做好救援准备。 ②5min排故时间到达时，若故障仍然存在，停止排故启动救援程序。 ③故障车司机确认电客车故障无法处理时，应立即向OCC申请救援。 ④列车救援时，推进运行以非限制人工驾驶模式限速30km/h的速度运行，列车救援牵引运行时，以SM模式45km/h的速度运行	优点：能够快速启动救援预案，避免严重的运营大间隔影响。 缺点：给予司机排除故障时间较短，容易产生不必要的故障救援
深圳地铁	深圳地铁列车采用3+2+2救援模式： ①首次故障判断处理的时间为3min，3min未处理好则给予2min技术支援时间。 ②5min排故时间到达时，若故障仍然存在，则组织救援列车清客，提醒故障车做好列车救援准备。 ③若7min排故时间到达或故障车司机确认电客车故障无法处理时，应立即向OCC申请救援。 ④列车救援时，距救援目的地距离大于5km时，推进限速35km/h；距救援目的地距离小于5km时，推进限速25km/h；牵引限速45km/h	优点：给予司机排故时间较长，启动救援较快速。 缺点：救援组织流程时间节点过多，不利于操作

②救援列车接近故障车时间。与故障地点、发生时段及行调规则有关。在平低峰时段（行车间隔5～8min），后续救援列车与故障车的距离通常较远，所需时间相对高峰时段有所延长。救援列车可在故障车进行自救的同时低速运行，适当减小与故障车距离。结合不同

情况与实际运营经验，该时间按 3 ~ 5min 考虑。

③救援列车与故障车连挂，确认安全及进路开放，通常为 3min。

综上，动车时间可按照 11 ~ 18min 考虑。

2）救援走行时间

救援走行时间主要受救援距离与救援速度的影响，可简单表示 $t_{走行} = S_{救援}/v_{救援}$，对于普速地铁线路，《地铁设计规范》《城市轨道交通工程项目建设标准》从提高救援效率和保证列车的运行安全两方面综合考虑，在一般线路旅行速度的基础上适当降低，提出推送救援速度不宜大于 30km/h。目前，广州地铁 1 号线、2 号线、8 号线（6A，80km/h）列车推送救援速度为 30km/h、牵引救援速度为 45km/h；3 号线（6B，120km/h）列车推送救援速度为 40km/h。深圳地铁列车救援时，距救援目的地距离大于 5km 时，推进限速 35km/h；距救援目的地距离小于 5km 时，推进限速 25km/h，牵引限速 45km/h。

3）清客、故障车退出正线时间

若仅故障车清客，通常取 2min；若故障车和救援车 2 列车清客，取 5min。救援车入、出停车线的时间一般为 3min，具体流程见表 3-26。

救援车入、出停车线程序及时间　　表 3-26

时间（min）	救援车入、出停车线程序及时间	
	故障车	救援车
1	司机确认进入停车线的进路开通好	从邻近的车站推送故障车进入停车线一车位置
0.25	距停车标一车位置时，报告救援车司机	接故障车司机一车位置报告时，以 5km/h 速度运行
0.2	距停车标 10m 位置时，报告救援司机	接故障司机 10m 位置报告时，以 3km/h 速度运行至停车
1.5	—	救援车解钩、换端、运行至临近车站

3.5.3 研究结论

由上海、广州、深圳地铁公司不同的列车救援模式以及广州地铁客车救援、连挂、救援车入、出停车线程序及时间分析，影响救援时间的最大因素是判断故障、申请救援时间。一般而言，该时间最短为 5min，若进一步压缩该时间，则给予司机排故时间较短，容易发生不必要的故障救援。整体而言，动车时间可按照 11min 考虑（其中救援列车接近故障车时间按照高峰时段列车发生故障考虑，并考虑启动时间，取最短值 3min）。

由于市域快轨区间长度一般较大，而上述动车时间中救援列车接近故障车时间按照高峰时段考虑，按此间隔极有可能发生前车故障，后面救援车仍在同一区间的情况，因此清客时间按照故障车和救援车 2 列车清客 5min 考虑。故列车清客、故障车退出正线时间为 8min。

根据《市域快速轨道交通设计规范》《市域（郊）铁路设计规范》，市域快轨的故障救援时间适当放宽，扣除救援时动车时间约 20min（计算值 19min），则推送时间可按照 25min 考虑。

目前，广州地铁 7 号线的列车最高运行速度为 80km/h，其列车推送救援速度为 40km/h，按此计算停车线间距为 16.7km。成都轨道交通 18 号线的列车最高运行速度为 140km/h，其列车推送救援速度已提升至60km/h,按此计算停车线间距为25km。因此,在市域快轨中,停车线的设置间距应充分考虑线形条件、车辆水平等因素,通过提升推送故障救援速度,增大停车线的设置间距,减小工程投资。

3.6 节能坡设计

目前国内地铁线路一般以80km/h的最高运行速度为主,线路节能坡长度、坡度等参数的研究成果较为成熟,也得到了广泛的应用。随着市域快轨的快速发展,车辆的最高运行速度涵盖了100~160km/h。然而,对于高速度目标值的市域快轨,节能坡的长度要适当增加,才能保证列车出站尽快达到最高运行速度,进站尽快减速至零,达到节约能耗的目的。因此,要系统地研究不同速度目标值的列车所对应的节能坡参数,同时不同站间距下还应结合中间风井进行节能坡的参数研究,如图3-20所示。

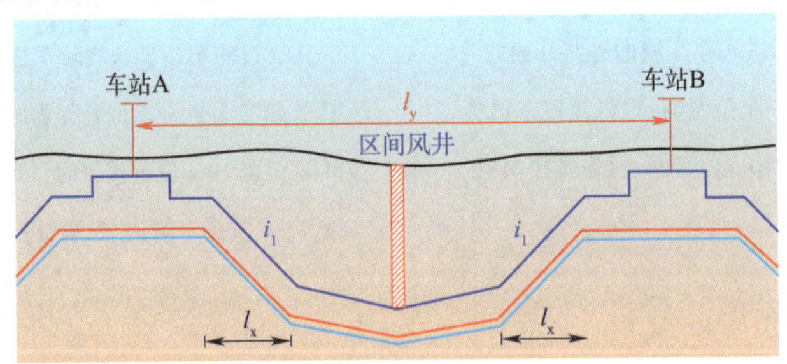

图3-20 节能坡示意图

本次研究采用列车均为6辆编组市域车型,结合城市列车运行计算系统(版本2.0,北京交通大学与香港理工大学合作开发),对节能坡的坡长、坡度、坡形进行逐一分析研究。

3.6.1 节能坡的坡长和坡度研究

当节能坡坡度一定时,区间长度取l_y,节能坡长度取l_x,节能坡坡度取i,车站以车站A、车站B为例,如图3-21所示,随着节能坡长度的变化,分析不同工况下的能耗情况。

1)节能坡长度研究

(1)列车最高运行速度100km/h

当节能坡坡度i取值28‰,区间长度l_y取2.0km,各节能坡长度l_x分别取300m、400m、440m、460m、480m、500m及600m时,所对应的能耗值见表3-27。当节能坡长度460m时,运行能耗达到最低。

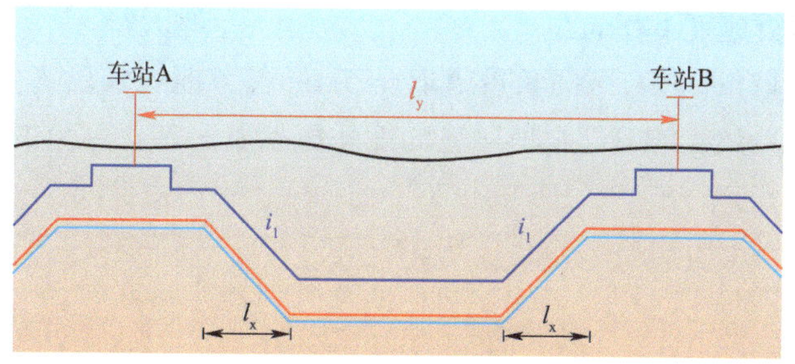

图 3-21 节能坡坡长研究纵断面图

速度 100km/h 下各节能坡长度所对应的能耗表 表 3-27

序号	项　目	指　标						
1	区间长度(km)	2.0						
2	坡度值(‰)	28						
3	坡段长度(m)	300	400	440	460	480	500	600
4	时间(s)	105	105	105	105	105	105	105
5	总能耗(kW·h)	69.36	69.14	68.2	67.88	68.54	70.98	77.42
5.1	牵引能耗(kW·h)	46.96	49	49	49.02	49.76	51.26	56.72
5.2	制动能耗(kW·h)	22.4	20.14	19.2	18.86	19.72	19.72	20.7
6	能耗均值(kW·h/km)	34.68	34.57	34.1	33.94	34.27	35.49	38.71
7	总能耗差值(kW·h)	1.48	1.26	0.32	0	0.66	3.1	9.54
8	节能效率(%)	-2.18	-1.86	-0.471	0	-0.972	-4.57	-14.05

(2)列车最高运行速度 120km/h

当节能坡坡度 i 取值 28‰,区间长度 l_y 取 3.0km,各节能坡长度 l_x 分别取 400m、500m、540m、560m、580m、600m 及 700m 时,所对应的能耗值见表 3-28。当节能坡长度 580m 时,运行能耗达到最低。

速度 120km/h 下各节能坡长度所对应的能耗值表 表 3-28

序号	项　目	指　标						
1	区间长度(km)	3.0						
2	坡度值(‰)	28						
3	坡段长度(m)	400	500	540	560	580	600	700
4	时间(s)	131	131	131	131	131	131	131
5	总能耗(kW·h)	104.16	103.42	103	102.52	102.22	104.1	107.14
5.1	牵引能耗(kW·h)	71.96	73.2	73.4	73.4	73.4	75.86	78.56
5.2	制动能耗(kW·h)	32.2	30.22	29.6	29.12	28.82	28.24	28.58
6	能耗均值(kW·h/km)	34.72	34.47	34.33	34.17	34.07	34.7	35.71
7	总能耗差值(kW·h)	1.94	1.2	0.78	0.3	0	1.88	4.92
8	节能效率(%)	-1.91	-1.18	-0.77	-0.30	0	-1.85	-4.81

(3)列车最高运行速度140km/h

当节能坡坡度 i 取值28‰，区间长度 l_y 取4.5km，各节能坡长度 l_x 分别取500m、600m、640m、660m、680m、700m及800m时，所对应的能耗值见表3-29。当节能坡长度660m时，运行能耗达到最低。

速度140km/h下各节能坡长度所对应的能耗值表 表3-29

序号	项　目	指　标						
1	区间长度(km)	4.5						
2	坡度值(‰)	28						
3	坡段长度(m)	500	600	64	660	680	700	800
4	时间(s)	169	169	169	169	169	169	169
5	总能耗(kW·h)	148.32	145.9	144.94	144.66	145.04	145.86	146.74
5.1	牵引能耗(kW·h)	104.2	104.20	104.2	104.3	104.76	105.92	107.22
5.2	制动能耗(kW·h)	44.12	41.7	40.74	40.36	40.28	39.94	39.52
6	能耗均值(kW·h/km)	32.96	32.42	32.21	32.15	32.23	32.41	32.61
7	总能耗差值(kW·h)	3.66	1.24	0.28	0	0.38	1.2	2.08
8	节能效率(%)	-2.53	-0.86	-0.19	0	-0.26	-0.83	-1.44

(4)列车最高运行速度160km/h

根据《地铁设计规范》(GB 50157—2013)，"6.3.4 正线坡度大于24‰，连续高差达16m以上的长大陡坡地段，应根据线路平纵断面和气候条件，核查车辆的编组及其牵引和制动的动力性能，以及故障运行能力"。

160km/h速度如继续采用节能坡设计，按140km/h速度下的坡长660m，24‰的坡度设置节能坡时，列车车站出站后埋深约15.84m，接近规范的临界值。若根据速度的增加进一步增加节能坡的坡长，将加大区间的埋深和增加工程投资，当速度160km/h时，列车从0～160km/h(平均加速度0.5m/s^2)的加速段约长2.4km，节能坡坡长的占整个加速段的比重变小。因此，160km/h速度下节能坡参数可以由行车专业对不同纵断面方案进行能耗检算后，结合工程条件进行设置。

2)节能坡坡度研究

当节能坡长度一定时，节能坡坡度值 i 分别取5‰、10‰、15‰、20‰、25‰及30‰。区间长度取3.0km，以速度120km/h列车进行牵引计算，各坡度值所对应的能耗值见表3-30。

不同坡度下节能坡能耗差值 表3-30

序号	项　目	指　标					
1	区间长度(km)	3.0					
2	坡段长度(m)	580					
3	坡度值(‰)	5	10	15	20	25	30
4	总能耗(kW·h)	124.7	122.1	112.7	104.4	97.4	96.2
5	总能耗差值(kW·h)	28.5	25.9	16.5	8.2	1.2	0.0
6	节能效率(%)	-29.6	-26.9	-17.2	-8.5	-1.2	0.0

随着节能坡坡度值的增大，列车运行能耗降低，节能坡坡度大于25‰时，整体能耗差异不大；在节能坡坡度为30‰时，列车总能耗最低，但在实际设计中采用困难坡度值的情形较少，结合设计经验及能耗变化趋势，节能坡坡度最小值取24‰，最大值取28‰（为调线调坡阶段留有一定余量）。

3.6.2 长大区间下"V"形坡和"W"形坡能耗分析

1）参数标定

城市轨道交通线路纵断面一般采用"高站位、低区间"的设计原则，"V"形坡是纵断面设计中最常见的坡形。但对于一些长大地下区间若继续采用"V"形坡，区间的埋深将会不断增加，不利于列车利用动能与势能的相互转化来提高列车运行效率。因此，根据节能坡的原理，可结合工程条件、区间风井和排水泵房的设置，研究纵断面采用"W"形坡设计，如图3-22、图3-23所示。

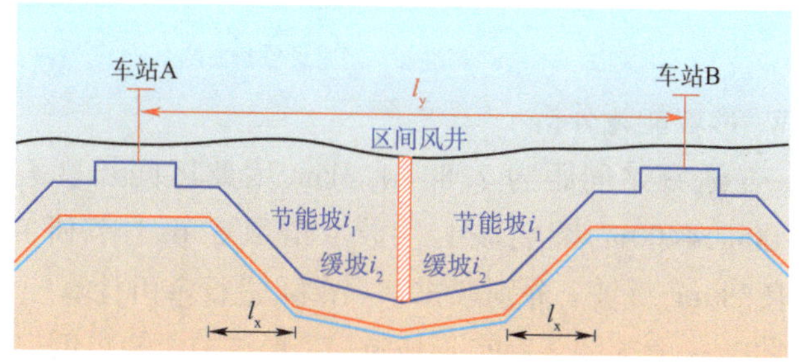

图3-22 "V"形坡示意图

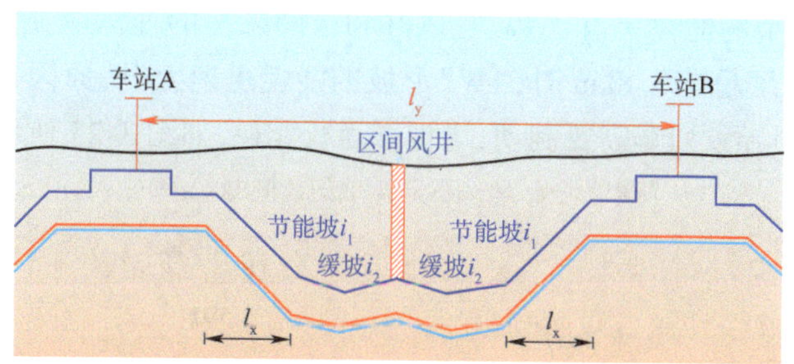

图3-23 "W"形坡示意图

根据《市域快速轨道交通规划与设计导则》（RISN—TG032—2018）中市域快线的最高速度应为100～140km/h，必要时可选160km/h，速度效率不宜小于50%，在50%～60%能发挥最佳效益状态。同时根据导则中5.1.4市域快线的速度效率表，速度100km/h的适宜站间距为2～3km，速度120km/h的适宜站间距为2.8～4.3km，速度140km/h的适宜站间距为4～6km，速度160km/h的适宜站间距为5～8km。所以对于"V"形坡与"W"形坡的研究，可以结合适宜的站间距以及旅行速度进行能耗分析。

根据《市域快速轨道交通设计规范》（T/CCES 2—2017）中考虑到区间排水原因，区间隧道线路最小纵断面不宜小于3‰。同时列车在惰行状态下，为避免列车速度迅速下降或者速度持续上升从而导致列车需要多次牵引或制动增加运行能耗，缓坡坡度也不宜过大。因此，考虑为调坡调线留有余量，以下研究缓坡 i_2 取 6‰~16‰的坡度。

为减少变量影响，以下分析暂不考虑地质条件和施工难度的限制。对"V"形坡与"W"形坡两种坡形的纵断面进行设计，如下图所示。其中"V"形坡区间按照对称设计，且设置节能坡坡段，车站范围内的坡度考虑 2‰，长度 150m，区间全长 l_y，节能坡坡长为 l_x，坡度为 i_1，缓坡坡长 $(l_y-l_x-300)/2$，坡度为 i_2；"W"形坡区间同样采用对称设计，与"V"形坡的区别是将缓坡长度变为 $(l_y-l_x-300)/4$，并形成两个区间最低点。由于本书篇幅限制，以下研究以 120km/h 为例进行分析，如图 3-24 所示。

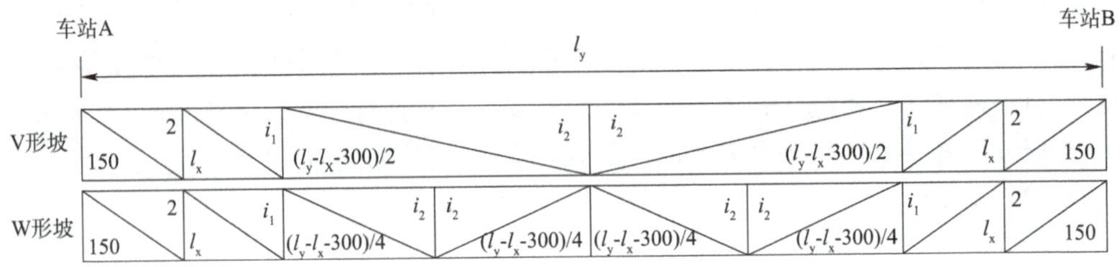

图 3-24 "V"形坡和"W"形坡纵断面图

2）"V"形坡和"W"形坡能耗分析

根据速度 120km/h 适宜站间距为 2.8~4.3km，因此区间长度 l_y 每隔 200m，分别取 2600m，2800m，…，4200m，4400m，节能坡的参数取值取 3.6.1 节研究结论，坡度 i_1 取值 28‰，节能坡长度 l_x 取 580m，缓坡 i_2 分别取 6‰~16‰，进行牵引计算。

从表 3-31 可以看出，长大区间下"W"形坡较"V"形坡的能耗更低，当区间长度小于 3km 时，两者能耗差值不大，但随着区间长度的增加，两者能耗差值逐渐增加；同时，随着缓坡坡度的增加，"W"形坡节约能耗更有优势，且风井和区间泵房的埋深明显浅于"V"形坡；但缓坡坡度 16‰，区间长度超过 3.8km 时，"W"形坡的能耗迅速上升，原因是缓坡坡度增加，列车速度持续上升从而导致列车需要制动，增加了运行能耗，如图 3-25 所示。

缓坡坡度 10‰下两种坡型能耗对比表　　表 3-31

序号	项　目	指　标											
1	节能坡长度（m）	580											
2	缓坡坡度（‰）	10											
3	节能坡坡度值（‰）	28											
4	区间长度（km）	3		3.2		3.4		3.6		3.8		4	
5	坡形	V	W	V	W	V	W	V	W	V	W	V	W
6	时间（s）	128	128	134	135	140	141	147	148	153	154	160	161
7	总能耗（kW·h）	97.7	97.3	99.4	98.7	103.0	100.2	105.8	102.1	109.3	103.9	112.0	105.1
7.1	牵引能耗（kW·h）	68.6	68.3	70.2	69.8	73.0	71.4	75.3	73.2	78.0	75.0	80.2	76.4
7.2	制动能耗（kW·h）	29.1	28.9	29.1	28.8	30.0	28.8	30.4	28.9	31.3	28.9	31.7	28.7
8	节能效率（%）	-0.41		-0.71		-2.77		-3.60		-5.15		-6.48	

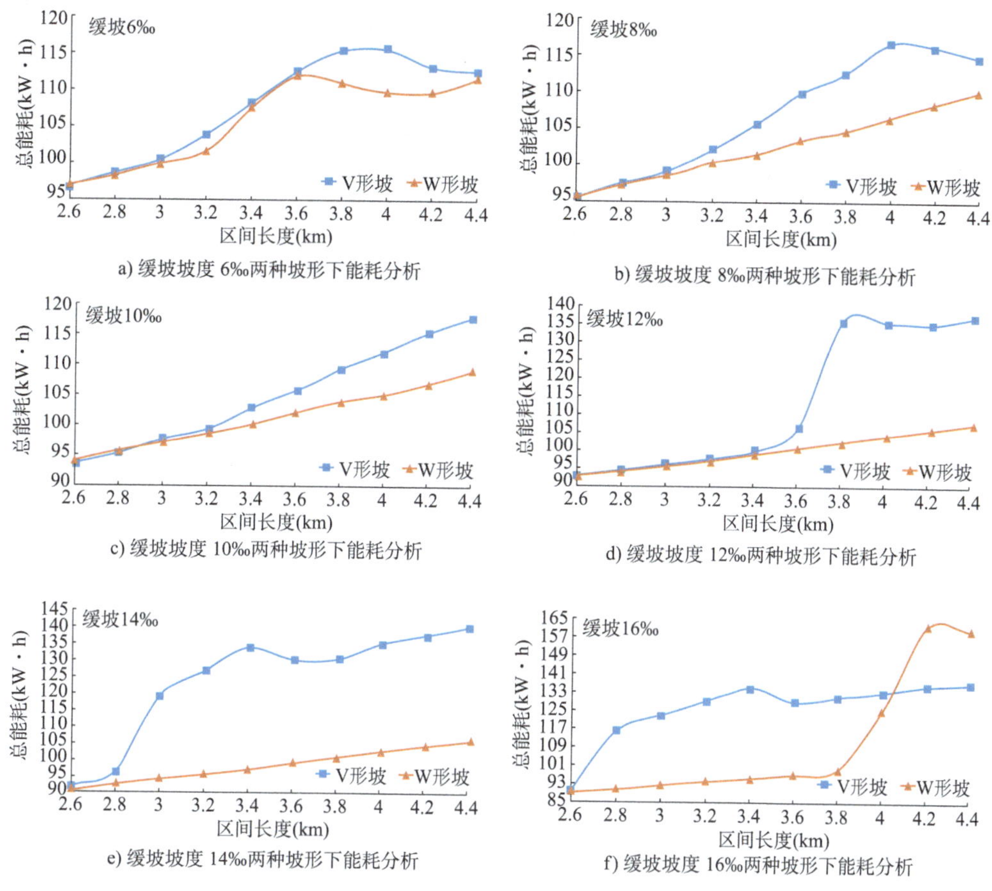

a) 缓坡坡度 6‰两种坡形下能耗分析

b) 缓坡坡度 8‰两种坡形下能耗分析

c) 缓坡坡度 10‰两种坡形下能耗分析

d) 缓坡坡度 12‰两种坡形下能耗分析

e) 缓坡坡度 14‰两种坡形下能耗分析

f) 缓坡坡度 16‰两种坡形下能耗分析

图 3-25　不同缓坡坡度下“V”形坡与“W”形坡的能耗

3)小结

将同一区间下,不同缓坡坡度的“W”形坡的能耗进行归纳,如图 3-26 所示,得到如下结论:

①列车最高运行速度 120km/h,在 2.6 ~ 4.4km 的区间,缓坡坡度为 8‰ ~ 14‰时,“W”形坡整体的能耗变化幅度不大,列车能耗呈现线性增加。

②在同一区间下,随着缓坡坡度增加,“W”形坡的列车运行能耗整体呈现下降趋势。

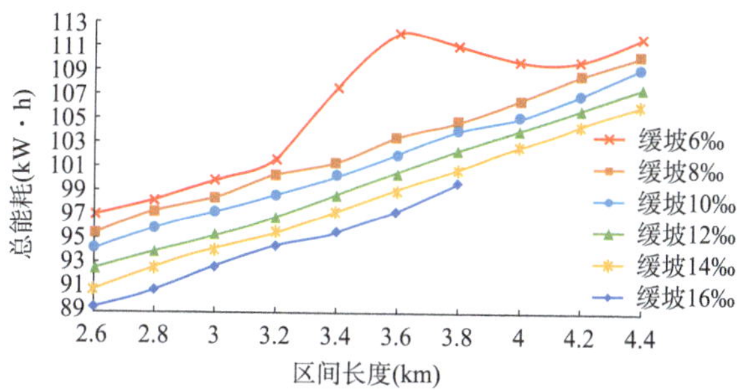

图 3-26　不同坡度下“W”形坡能耗变化情况

③当缓坡坡度小于6‰或大于16‰时，“W”形坡的适用区间变小，列车能耗迅速上升，此时采用“W”形坡设计优势不明显。

通过对不同工况下“V”形坡与“W”形坡进行牵引分析，长大区间下，“W”形坡较“V”形坡能耗更低，且随着缓坡坡度的增加，节能趋势更加显著。主要原因是“V”形坡的缓坡长度较“W”形坡的长度更长，随着区间长度或缓坡坡度的增加，列车在缓坡坡段上速度持续增加，无法维持惰行运行，为防止列车超速，需要采取制动措施；而“W”形坡的单面缓坡坡段更短，通过不同缓坡坡段的组合结合列车动势能的转换，使列车保持惰性运行。因此，长大区间下，单面缓坡坡段的长度不宜过长，可以结合区间联络通道和排水泵房进行综合考虑。

3.6.3 单向坡能耗分析

由于自然条件的影响，当两车站高差较大的情况下，继续采用“V”形坡设计将无法达到节能的效果，因此需要研究单向坡（图3-27）。单向坡是指两车站之间采用同一方向的坡度，单向坡又分为单面坡与多段坡两种形式，单面坡在通风上有一定优势，但在列车能耗上与多段坡之间需要进一步论证。结合之前节能坡的研究，针对不同坡度方案进行单面坡与多段坡能耗比较，得出两种坡形的适用范围，如图3-28所示。

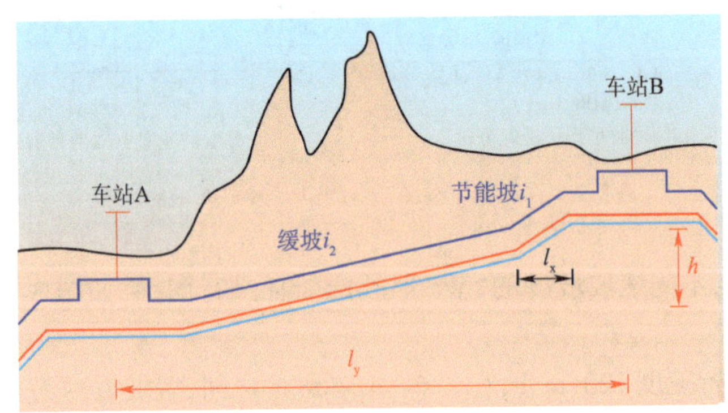

图3-27　单向坡示意图

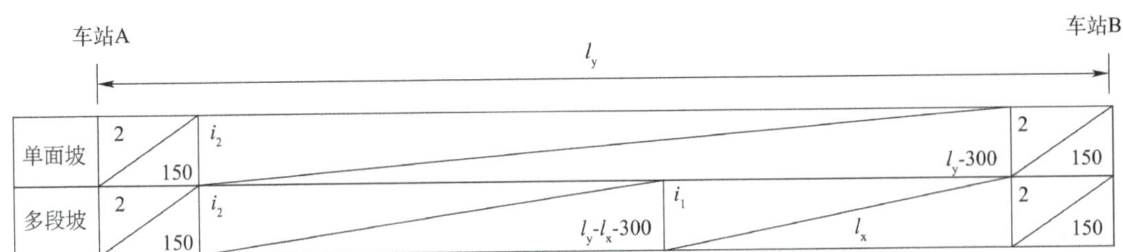

图3-28　单面坡和多段坡纵断面图

当最高速度120km/h，根据3.6.1节的研究成果，节能坡坡度i_1取值28‰，坡长l_x取580m。区间长度l_y取3.3km，车站范围内的坡度考虑2‰，长度150m，两车站高差h分别取30m、45m及60m，计算单面坡和节能坡+缓坡的多段坡列车牵引能耗，见表3-32。

区间长度为3000m时各车站高差所对应的能耗值表　　表3-32

站间距(km)	高差(m)	坡度值(‰/m)	上下行	牵引能耗(kWh)	制动能耗(kWh)	总能耗(kWh)		差值(%)
3.3	30	10/3000 单面坡	上	119.90	38.60	158.50	278.68	11.46
			下	78.18	42.00	120.18		
		5.686/2420 +28/580	上	115.20	27.62	142.82	250.02	
			下	66.93	40.27	107.20		
	45	15/3000 单面坡	上	131.67	38.46	170.13	267.59	2.86
			下	60.20	37.26	97.46		
		11.884/2420 +28/580	上	126.60	28.01	154.61	260.16	
			下	55.43	50.12	105.55		
	60	20/3000 单面坡	上	141.36	36.98	178.34	279.47	1.78
			下	57.81	43.32	101.13		
		18.083/2420 +28/580	上	130.50	28.92	159.42	274.58	
			下	59.55	55.61	115.16		

可以看出，当两车站平均坡度大于10‰时，采用多段坡比单面坡能耗更低；当两车站平均坡度在10‰~20‰时，随着单面坡平均坡度值的增加，多段坡节能效率逐渐降低；当两车站平均坡度大于20‰时，多段坡节能效率不明显。

3.6.4 研究结论

①通过研究不同最高运行速度下节能坡设置的参数，得出市域快线各种速度下节能坡长度的推荐值，100km/h速度下节能坡度为460m，120km/h速度下节能坡度为580m，140km/h速度下节能坡度为660m，160km/h速度下节能坡参数根据牵引计算结果并结合线路工程条件确定。

②随着节能坡坡度值的增大，列车运行能耗更低。节能坡坡度大于25‰之后，整体能耗差异不大；在节能坡坡度为30‰时能耗最低，但在实际设计中采用极限坡度值的情形较少，结合设计经验及能耗变化趋势，节能坡坡度最小值取24‰，最大值取28‰(为调线调坡阶段留有一定余量)。

③对于区间前后高差不大的车站，研究了长大区间下"V"形坡和"W"形坡的选择，随着缓坡坡度的增加，在适宜的站间距下，"W"形坡较"V"形坡能耗更低；对于局部超过适宜站间距范围的长大区间，区间中部利用连续的组合缓坡更有利于列车的惰行。

④对于区间前后高差较大的车站，研究了纵断面采用单面坡与多段坡设计形式，当两车站平均坡度大于10‰时，采用多段坡比单面坡能耗更低，且采用缓坡+陡坡的方案节能效率更加明显。

4 快慢车模式

4.1 快慢车模式分类

快慢车混跑的行车组织模式(快车指大站快车,慢车指站站停列车)是城市轨道交通开行方案的重点研究内容之一。

城市轨道交通中采用快慢车模式,快车运行过程中会涉及越行点(越行点是指需设置越行线以满足快车通过慢车待避的车站)问题,运营组织复杂,会在一定程度上降低系统能力(系统能力是指城市轨道交通线路所具备的支持列车最大运行密度的能力)。因此,传统地铁较少应用快慢车模式组织运营。近年来,城市规模的快速扩大和市域快轨的大力发展,为快慢车模式的研究和应用提供了良机。合理的快慢车运行方案能够通过开行快车提高长距离乘客出行效率,同时通过开行慢车保障沿线站点客流的服务水平,能有效地提升城市轨道交通系统的运营效率。

按照快、慢车是否采用相同速度等级的列车,可以分为等速快慢车模式和不等速快慢车模式。

4.1.1 等速快慢车模式

目前,国内城市轨道交通主要采用等速快慢车模式,即快车和慢车均采用同一种车型,快车通过不停站通过的方式来达到缩短运行时间的目的,如上海轨道交通 16 号线、广州地铁 14 号线、成都轨道交通 18 号线和重庆轨道交通 5 号线等。

4.1.2 不等速快慢车模式

不等速快慢车模式在铁路上普遍采用,即在同一条轨道线路上运行两种或两种以上不同速度等级的列车,快车不仅可以通过减少停站次数节约运行时间,还由于其速度等级更高,可以缩短区间运行时间,从而进一步提高其旅行速度。该模式虽然在我国的铁路系统中较为常见,但在国际上的城市轨道交通中应用少。目前,我国除由中铁二院完成设计并在建的成都轨道交通 19 号线之外，并无其他应用案例。

4.2 等速快慢车模式相关研究理论

等速快慢车模式相关研究理论主要摘取本团队完成的中铁二院科研项目《城市轨道交通快慢车行车组织模式研究》[院计划 13164137(13-15)]成果中的相关研究结论，研究过程本书不再赘述，主要研究成果如下。

4.2.1 系统能力计算方法

在等速快慢车模式下，若慢车停站时间固定，快车不停站所节约的总时间也相对固定，其只与车辆本身性能、过站限速有关，可基本忽略线路条件差异。经过模拟牵引计算结果统计，等速快慢车模式下，快车不停站所节约的时间 $t_{节约}$ 可按 1min 取值，并以此作为快慢车模式系统能力损失研究的前提条件。

以开行慢车为主，根据长途直达或点对点客流情况，适当加开部分快车的行车组织模式下(快车开行对数小于 12 对/h)，快慢车模式的系统能力计算公式：

$$N = \frac{60 - n_{快} \cdot t_{节约}}{h} \tag{4-1}$$

式中：N——系统最大开行对数，对/h；

h——系统最小行车间隔，min；

$t_{节约}$——快车不停站节约时间，min；

$n_{快}$——快车开行对数，对/h。

若以开行快车为主(快车的开行对数一般大于 12 对/h)，为了增加轨道交通覆盖和客流培育，适当加开部分慢车的运营模式，应用范围相对较小。为了快车连续发车，同时在局部甚至全线均设置 4 线铁路，以上两项措施综合起来可以提高列车开行对数，实现以开行快车为主的运营模式。

4.2.2 快车停靠站及快慢车运力分配方法

快车停靠站的确定原则应以车站周边片区规划和客流预测为基础，综合分析轨道各车站的车站功能及级别、各时段总的客流乘降量、换乘客流量等因素，尽量将组团中心站、特殊功能站、重要客流集散点以及重要换乘站确定为快车停靠站。同时，在客流预测未区分长短途客流量时，以“OD 客流断面法”作为快慢车运力分配方法，通过计算长距离出行 OD 在各区段断面的叠加，取最大断面的叠加值作为快车开行比例的确定依据。

快车停靠站及快慢车运力分配方案，还需结合实际客流调查及分析相结合的方式综合确定最终方案，并根据实际运营情况灵活进行调整。

4.2.3 越行点的确定方法

越行点的设置主要与列车开行密度、快慢车始发间隔等因素相关，提出基于快慢车比例为1:1且快车均匀发车的情况下的越行点数量确定公式。在此种条件下，越行点的分布情况主要与快车开行对数相关。当快慢车比例非1:1的情况，可以根据快慢车的比例，相应的增设越行点。

1）快慢车比例为1:1的情况

按快慢车1:1的开行模式，快车均匀发车时，越行点的确定方法总结如下：

$$M = \frac{t_{快} - 2 \times h}{t_{节约}} \tag{4-2}$$

式中：M——越行点设置间隔，站；

h——系统最小行车间隔，min；

$t_{节约}$——快车不停站节约时间，min/站；

$t_{快}$——快车发车间隔，min。

当快车的均匀发车间隔为5min时（12对/h），越行点的设置间隔为1站，即间隔1个站设置越行点；当快车均匀发车间隔为6min时（10对/h），越行点的设置间隔为2站，即间隔2个站设置越行点。

2）快慢车比例非1:1的情况

首先确定在某种快车开行密度情况下（小于12对/h），快慢车比例为1:1时的越行点设置情况，若快慢车比例为1:2时，在已经确定的两个越行点之间增加一个越行点；若快慢车比例为1:3时，则需在已经确定的两个越行点之间增加两个越行点。

显然快慢车开行比例的制定，应在满足客流需求的基础上，遵循系统能力损失原则和越行点设置原则，以达到运行效果最佳的目的。

3）小结

由于城市轨道交通列车需要的开行密度较高，列车在各种原因下的延误都将会引起列车发车或追踪间隔的变化，因此在实际方案设计中，越行点的配置应保证系统足够的灵活性。在以开行慢车为主的系统中，若要保证24对/h及以上的行车能力，建议越行点的设置标准为隔一站设置。为了保证在不同的发车间隔和发车密度下的快慢车越行需要，即保证系统足够的灵活性，建议有条件的情况下，将起点站之后的第一个非快车停靠站和终点站前的第一个非快车停靠站设置为越行点。

由此可以得出，当非快车停靠站数量M为奇数时，越行点的设置数量为$(M-1)/2$；若M为偶数，越行点数量则为$M/2+1$，出现局部连续两个非快车停靠站都设越行会让线的情况，工程会有所浪费，建议通过增加一个快车停靠站的方式，以减少1个越行点，尽量降低工程造价。

4.2.4 车站辅助配线方案研究

1)普通越行站车站辅助配线研究

越行站辅助配线的设计,应满足慢车停站避让快车,快车不停车过站快速通过的要求。越行站辅助配线一般有4种基本形式,如图4-1所示。

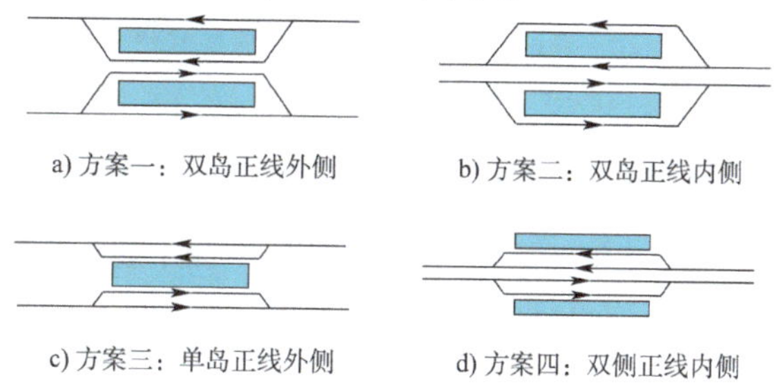

图4-1 越行站配线形式比选

2)越行站兼作车辆基地接轨站情况下车站辅助配线研究

出入段线作为车辆进出正线与车辆基地之间联系的配线,当越行站同时兼作车辆基地接轨站时,结合会让线布置形式,可供选择的基本方案如图4-2所示。

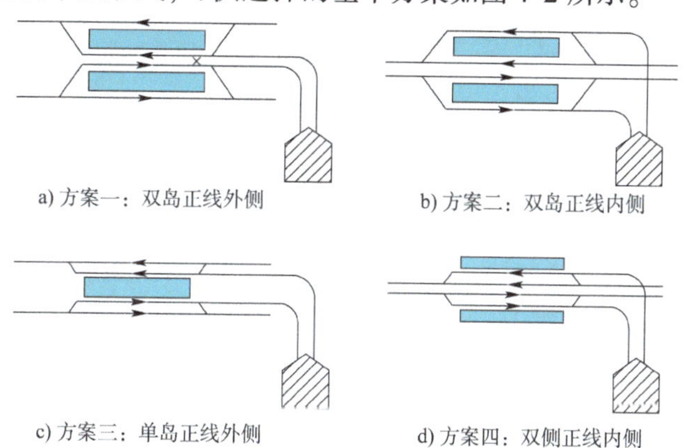

图4-2 越行站兼接轨站配线形式比选

3)停车线方案研究

停车线的功能主要是供故障列车及夜间列车停放,或为具有突发客流的车站备用列车停放,同时也可兼作临时折返线。可供选择的停车线方案主要有4种,如图4-3所示。

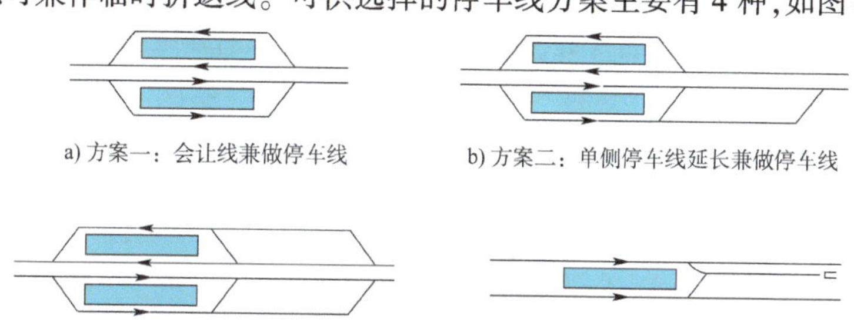

图4-3 停车线设置方案

以上4种方案仅是可行方案的列举，实际运用中应根据快慢车开行方案、运营服务要求，结合会让线设置和停车线布置间距要求等做进一步比选。如根据工程实施条件，方案二、方案三还可选择以下方案，如图4-4所示。

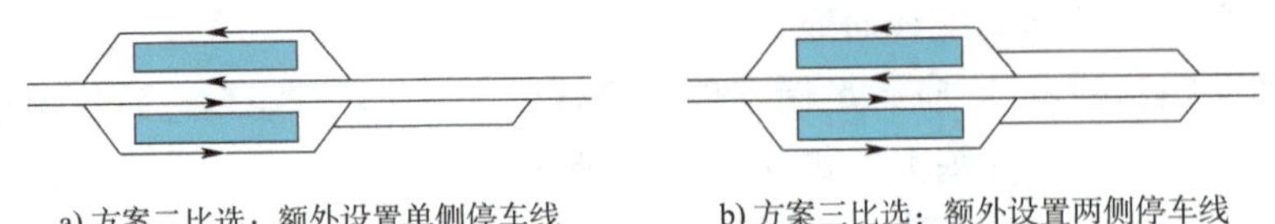

a) 方案二比选：额外设置单侧停车线　　b) 方案三比选：额外设置两侧停车线

图4-4　停车线设置比选方案

4)起终点折返配线研究

折返站按其在列车运行交路中的位置可划分为起终点折返站和中间折返站，其配线设置主要是用于组织列车的折返(包括始发、终点站的折返和中间小交路的折返)，以实现列车的合理调度和正常运行。

(1)起终点折返配线类型及特点分析

折返站作为关键节点车站，配线设计直接影响着轨道交通线路的运输能力、工程造价、车站形式等。按照折返顺序，起终点折返线一般采用站前折返和站后折返两种基本模式，如图4-5所示。

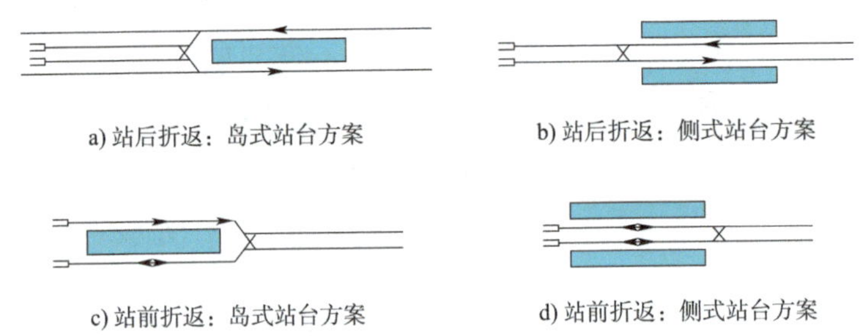

a) 站后折返：岛式站台方案　　b) 站后折返：侧式站台方案

c) 站前折返：岛式站台方案　　d) 站前折返：侧式站台方案

图4-5　起终点站折返配线方案

(2)起终点折返配线推荐方案

建议起终点折返站配线优先选用站前折返模式。

如果快慢车所采用车底不相同，快慢车在折返后无法互相替代，且快慢车比例较大(快少慢多)，发车间隔较大的快车可能会较长时间占用进站股道。为不影响慢车的折返能力，此时可采用增设快车股道的方式来解决问题。

如图4-6所示，根据站台布置形式主要有“一岛一侧三线”方案以及“双侧四线”方案。需要说明的是，由于快慢车分站台停靠，因此需做好站台标识引导乘客正确乘坐。

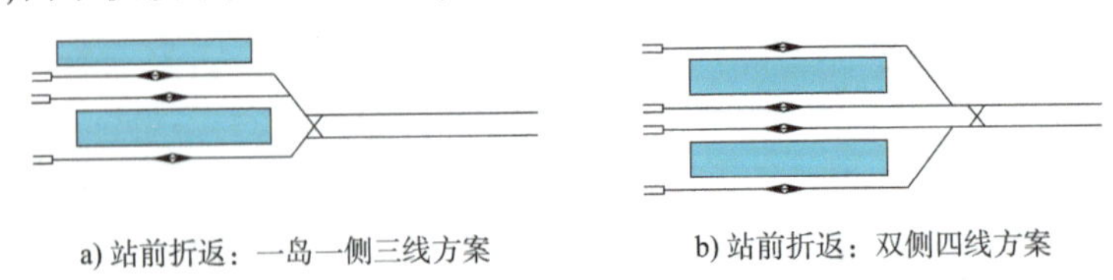

a) 站前折返：一岛一侧三线方案　　b) 站前折返：双侧四线方案

图4-6　站前折返增设股道方案

5)小结

对单一越行站或兼具多功能的越行站配线，优选双岛正线外侧、双岛正线内侧方案；对起终点折返配线,推荐优选站前交叉渡线双折返模式。

4.3 不等速快慢车模式系统能力理论

4.3.1 快车不停站节约时间

当快、慢车采用不同速度等级的列车时,由于快车过站所节约的时间不仅受快车不停站数量的影响,还与车辆性能、速度等级、线路条件、过站限速、越行点数量等因素有关,快、慢车在相同区间的运行速度差异变大,系统能力损失计算更为复杂。快车节约时间需通过模拟牵引计算获得,如图4-7所示。

而快车节约时间,即快、慢车不同运行时间差 Δt 对系统能力影响不同,Δt 越小,则系统能力损失越小。以下通过一个简单的案例进行理论推导。假设某条轨道交通线路共设置4站,站间距不均等,拟开行直达列车和站站停列车2种,且直达列车的速度等级高于站站停列车。不等速快慢车模式下,快、慢车受区间线路条件、停站方案等多种因素影响,其运行速度斜率差别大,因此,快、慢车在起点~越行点1、越行点1~越行点2、越行点2~终点的三个区间分别产生不同的运行时间差:Δt_1、Δt_2、Δt_3,且 $\Delta t_1 < \Delta t_2 < \Delta t_3$,该运行时间差包括快车不停站节约时间和区间运行节约时间。从图4-8可以看出,Δt 越小,则系统能力损失越小。

4.3.2 系统能力计算方法

1)不等速快慢车开行比例为1:1的情况

若开行不等速快慢车1:1的情况,则需要以最大的运行时间差 Δt_3 为控制因素进行运行图铺画,快车的发车间隔为 $2h + \Delta t_3$(h 为系统最小行车间隔),如图4-9所示。此时,在快、慢车运行时间差 Δt 较小的区段,如起点~越行点1、越行点1~越行点2,可以通过延长慢车在车站的停站时间(图4-9中黄线所示),或者降低慢车区间的旅行速度等方式,以达到不等速快慢车发车相对均衡的目的。

考虑在以慢车为主的运行图中,增加开行高速度等级快车的情况,如果存在多种快车,则选取所有快车中最高运行速度等级且停站数量最少者作为图示的快车。综上分析,在不等速快慢车开行比例为1:1的情况下,提出以下不等速快慢车模式的系统能力计算方法,计算公式如下:

$$N = (60 - n_{快} \cdot \Delta t_{max}) / h \tag{4-3}$$

式中:N——系统最大开行对数,对/h;

h——系统最小行车间隔,min;

Δt_{max}——越行点前后区段的快、慢车最大运行时间差,min;

$n_{快}$——快车开行对数,对/h。

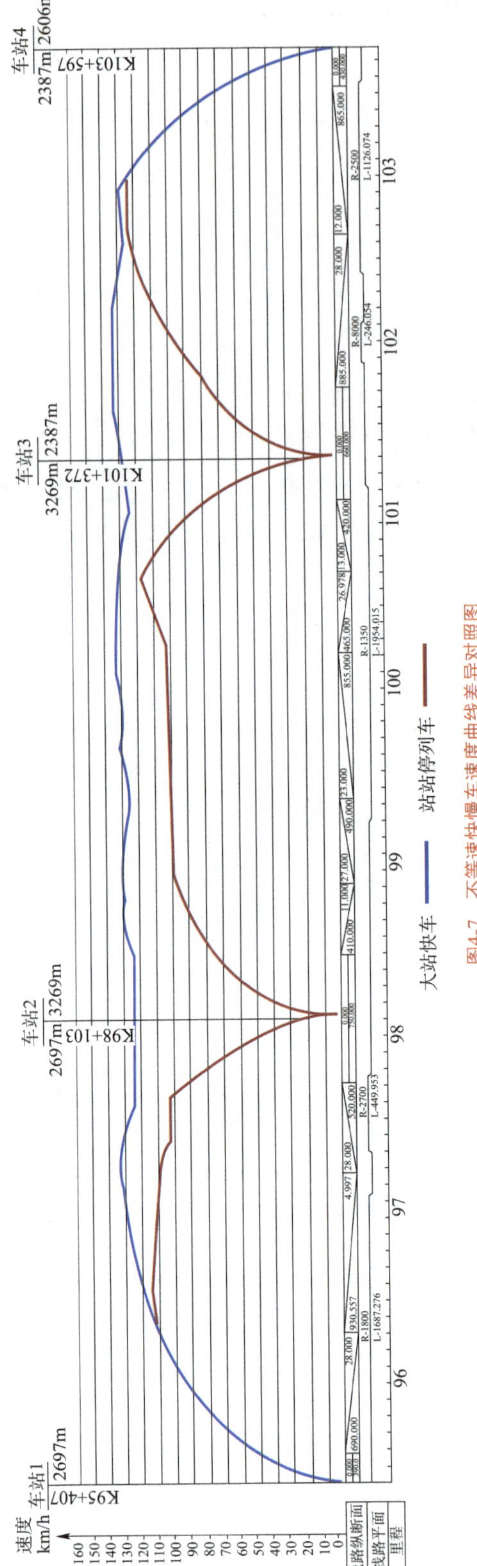

图4-7 不等速快慢车速度曲线差异对照图

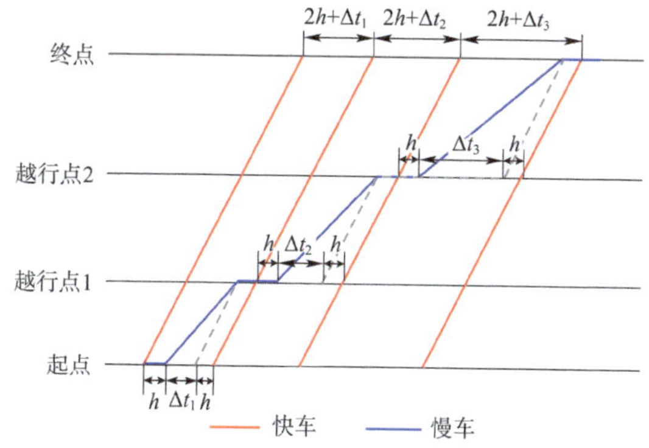

图 4-8 快慢车不同运行时间差对系统能力的影响

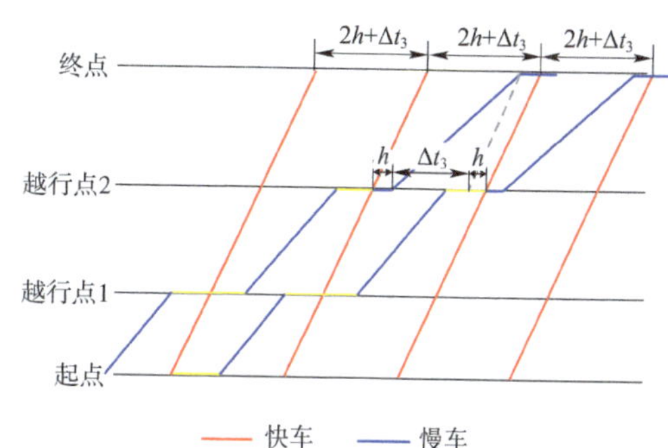

图 4-9 不等速快慢车等间隔发车对系统能力的影响

2)快车开行对数小于慢车的情况

根据上述不等速快慢车开行比例 1:1 的计算公式，以下假定一个简单的案例，通过运行图模拟铺画验证计算公式的通用性问题。

假设某项目快车开行 4 对/h，设置 2 个越行点，$\Delta t = 5\text{min}$，则按照式(4-3)计算，每小时最大开行对数 $N = 20$ 对，其中快车每小时 4 对，慢车每小时 16 对。

但通过运行图模拟，如图 4-10 所示，实际对数只能做到 16 对(4 对快车 + 12 对慢车)，并不是 20 对。图 4-10 中，"5 + 1min"的意思是 2 个越行区段的时间差在原来的 Δt 基础上，还应考虑越行站本身的停靠损失。开行对数小于计算结果的原因在于由于快、慢车在越行点之间运行时间差 Δt 比慢车之间的最小行车间隔 h 大，需拉开慢车的行车间隔，导致系统能力的进一步损失；且越行点的数量对系统能力损失也有影响。

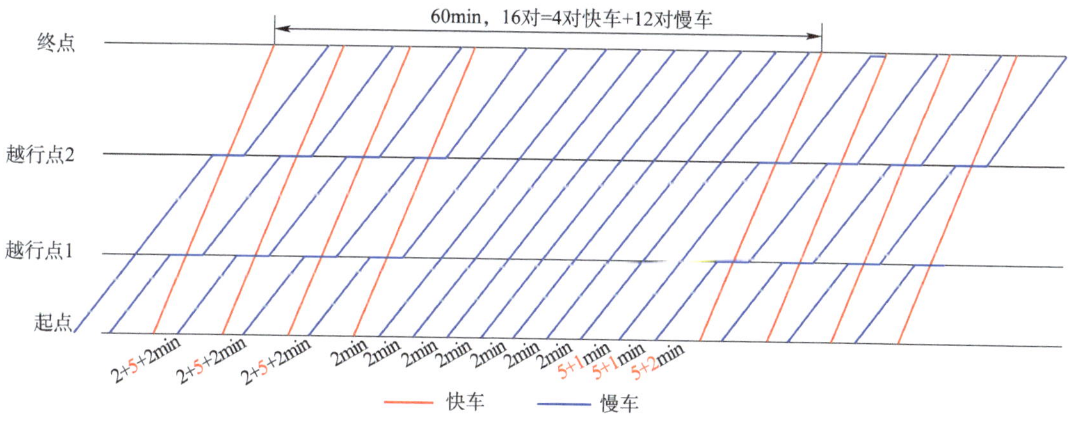

图 4-10 运行图模拟铺画示意图

可见，式(4-3)仅适用于快、慢车 1:1 或者 Δt 小于最小行车间隔 h 的情况。因此，需要对上述公式进行进一步的修正。

如前述分析，不等速快慢车的系统能力损失与快车开行对数、越行点前后快慢车的运行时间差 Δt、越行点数量有关。因此，可以通过下图为例进行公示推导，在某线路设置 3 个越行点，若考虑只开行 1 对快车，则系统能力损失不只是 Δt，而是 $\Delta t + 3(\Delta t + 1 - 2) = 4\Delta t - 3$，如图 4-11 所示。

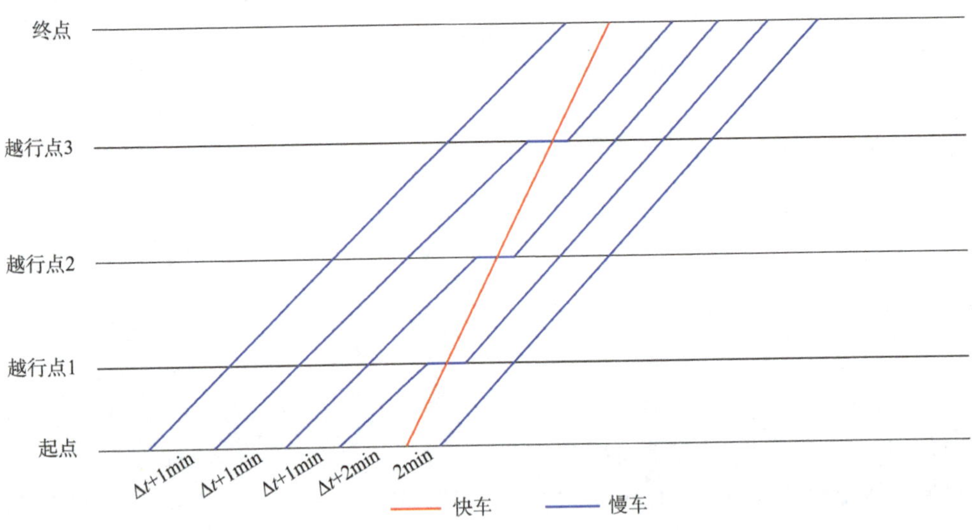

图 4-11　不等速快慢车系统能力损失示意图

按照以上的思路推导成通用公式,以慢车为主的不等速快慢车运行图中,系统能力计算公式为:

$$N=[60-n_{快}\cdot\Delta t_{max}-m\cdot(\Delta t_{max}+1-h)]/h \tag{4-4}$$

式中:N——系统最大开行对数,对/h;

h——系统最小行车间隔,min;

Δt_{max}——越行点前后区段的快、慢车最大运行时间差,$\Delta t_{max}>h$,min;

$n_{快}$——快车开行对数,$n_{快}<N/2$,对/h;

m——越行点数量,个。

当不等速快慢车开行比例为 1∶1 时,可不考虑越行点数量对系统能力损失的影响,只需按照式(4-3)计算即可。

该计算公式与等速快慢车能力计算公式相比,差别主要在于:计算公式反映了越行点数量及快慢车运行时间差的影响。等速快慢车的能力计算前提是越行点可以根据需要设置,即隔 1 站设的情况,此时 $\Delta t=1$min,按式(4-4)计算,当 $h=2$min 可以抵消越行点数量的影响;若间隔 2 站以上设越行,即 Δt 大于 2min,同样会出现更多的能力损失。

因此,总体上不等速快慢车系统能力的计算公式可以兼容等速快慢车系统能力的计算公式。

4.3.3　不等速快慢车模式的系统能力计算流程

针对上述不等速快慢车模式系统能力计算公式的应用,本次研究提出以下计算步骤(图 4-12):

①根据车站周边片区规划、车站功能及级别和车站客流预测等应用场景要求,确定快车停靠站、越行点及其分布情况,如首先明确越行点 1、越行点 2 等。

②根据车辆的性能、快车不停站数量及停站时间、区间长度和线路条件，进行列车模拟牵引计算，分别测算各个越行点前后区段（如起点站～越行点1，越行点1～越行点2，……，越行点x～终点站）的快车和慢车的运行时间差，其中运行时间差包括区间走行时间差和停站时间差之和，取最大的运行时间差作为Δt_{max}，计算所述运行时间差时，如果存在多种快车，则选取所有快车中最高运行速度等级且停站数量最少者作为上述“快车”。

③根据规划设计指标，如快车预测客流需求量和包括发车频率在内的规划服务标准，拟定每小时快车开行对数$n_{快}$，根据公式$N=[60-n_{快}\cdot\Delta t_{max}-m\cdot(\Delta t_{max}+1-h)]/h$计算得出每小时最大开行对数$N$，其中$h$为系统最小行车间隔，即为该模式下的系统能力。

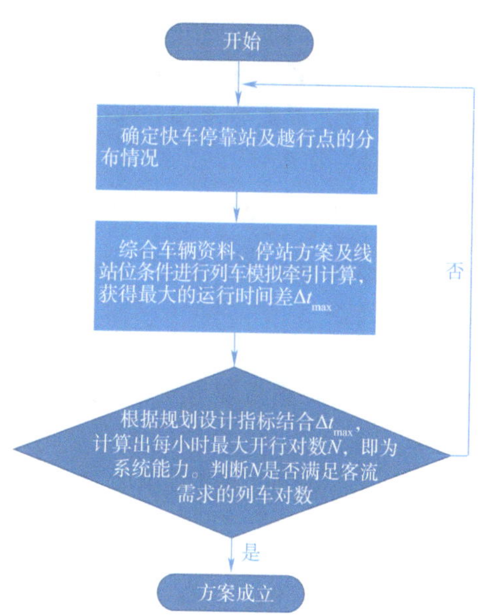

图4-12　不等速快慢车模式系统能力计算流程图

④若每小时最大开行对数N满足客流量需求的列车开行对数，则开行方案的系统能力满足要求；若每小时最大开行对数N不满足客流量需求的列车开行对数，则调整越行点的位置或数量，或者调整每小时快车开行对数$n_{快}$，重复步骤②、③，直到N满足客流需求。

4.4 快慢车运营模式相关系统配置

相较于普速地铁站站停运营模式，等速与不等速快慢车运营模式在越行站均会存在快车不停车过站的情况；而不等速快慢车模式与普速地铁站站停或者等速快慢车模式的区别就在于采用了不同速度等级的车辆，由此带来在各个专业及系统配置上存在一定的特殊性。因此，快慢车模式下，在设计过程中应考虑灵活性和兼容性，如限界、站台门、轨道、信号系统和车辆基地等。

4.4.1 限界

①过站车辆限界计算速度应按越行列车最高过站速度另加一定余量（10%）设计。

②区间直线地段限界计算速度应按列车最高运行速度另加一定余量(10%)确定,区间曲线地段限界计算速度应按所在曲线限速另加一定余量确定。

③地下车站站台范围有越行列车过站条件下,应按空气动力学需求确定线路中心线到侧墙内侧的距离。

4.4.2 站台门

①若站台门距离站台边缘较大(建议按大于200mm界定):站台门与列车间应加装电气防夹检测装置与列车间隙激光雷达防护。该装置与信号联锁,必要时宜考虑机械防护措施。

②门体结构在列车过站压力波强度、车头正压、车尾负压等风载荷、人群载荷和冲击载荷等最不利载荷效应组合的情况下,门体弹性变形量应满足工程限界要求,门体结构不应出现永久变形。

4.4.3 轨道

①道岔区段通过速度160km/h路段应采用可动心轨辙叉道岔。

②工程条件应满足大号码道岔部件运输、安装、储存等相关要求。

4.4.4 信号系统

①信号系统应实现对不同编组列车、不同速度等级、不同列车性能列车混合运行、快慢车越行的控制,以满足运营指标要求。

②试车线应具备测试不同列车各种运行级别下车载信号设备列车自动保护系统/列车自动运行系统(ATP/ATO)的完整功能。

③信号系统应满足不同列车精确停车功能。

④信号系统应满足不同列车与站台门系统的接口。

4.4.5 车辆基地

①车辆编组不同时,停车线宜按长编组车辆长度考虑土建条件,短编组车辆固定专线停放,并设置专用上车平台。

②主要设备的配置要适应不同车型需求。洗车机设备增加车辆外形尺寸适应性需求,不落轮镟床设备增加车辆车轮、轴箱适应性需求。作业平台尺寸按照不同车辆限界尺寸、车辆设备布置位置核算。车间电源柜设置位置和容量,考虑不同车型的兼容性。

4.5 应用案例

4.5.1 项目概况

成都轨道交通 19 号线(以下简称“19 号线”)为天府新中心至双流区、温江区的城轨快线,兼有过轨 18 号线联系双机场的机场快线功能。19 号线起于金星站,止于合江站,线路全长约 63.3km,设车站 19 座。其中,高架站 2 座,地下站 17 座,平均站间距约 3.3km。19 号线与 18 号线可于天府新站过轨跨线运营,为成都双流国际机场(以下简称“双流机场”)和天府国际机场(以下简称“天府机场”)两座机场之间提供直达列车服务。

19 号线(金星站—合江站)分为二期工程建设。一期工程:为第三期建设规划已批复 17 号线一期工程的金星站—九江北站,运营长度约 20.12km,设站 7 座,已于 2017 年 2 月正式开工,并已于 2020 年 12 月开通运营。二期工程:起于九江北站,止于合江站。线路长 43.178km[九江北站(不含)—天府新站],设站 12 座,已于 2019 年 11 月正式开工,计划于 2022 年 12 月开通试运营。

19 号线线路走向示意图如图 4-13 所示。

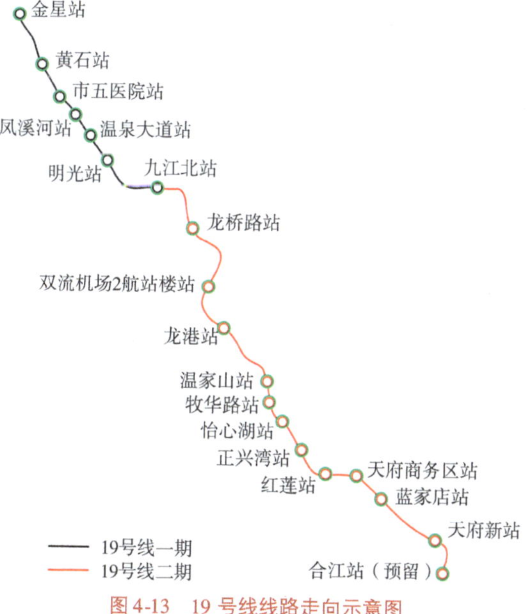

图 4-13 19 号线线路走向示意图

4.5.2 运营模式

19 号线在双流机场 T2 航站楼设站,在天府新站并入轨道交通 18 号线,与 18 号线共轨运行,到达天府机场,作为新老机场间的轨道交通联络通道。

为了提高双机场(双流机场—天府机场)间的快速直达性,19 号线需开行双机场间的直达车。鉴于 19 号线具有快线干线和机场线的复合功能,高峰小时开行两机场间的直达方案会影响 19 号线的运输能力,且会影响高峰小时通勤客流的服务水平等,故机场直达车只在平峰时段开行。根据相关部门要求,平峰时段双机场直达车开行对数宜为 4 对/h。因此 19 号线的运营模式分以下两种情况。

1)高峰时段

采用单一站站停列车运营模式。

19 号线与 18 号线一致的系统制式,即采用 AC25KV 供电制式,最高运行速度为 140km/h 的市域 A 型车。采用 8-8-8 固定编组方案。

2)平峰时段

采用双机场间直达车(4 对/h)与全线站站停列车混跑的组合模式。

机场直达车运行范围为双流机场 2 航站楼站—天府机场 1 号 2 号航站楼站,初期仅停靠起终点站,近、远期增加停靠天府机场 3 号 4 号航站楼站。

若采用最高运行速度 140km/h 的市域 A 型车,站站停运营组织模式,则双机场间旅行时间为 45.8min;若采用最高运行速度 140km/h 的市域 A 型车,直达运营组织模式,则双机场间旅行时间为 32min。均无法满足省市政府对"双机场间 30min 以内"出行时间要求,故机场直达车提速至 160km/h,双机场间旅行时间可缩短至 29.5min。

机场直达列车推荐采用最高运行速度为 160km/h 的机场直达车,结合机场直达车车辆技术特点,初、近、远三期均采用 6 辆编组,可以满足客流需求。

因此,19 号线平峰时段运营模式为不等速快慢车运营模式。

4.5.3 客流预测情况及列车开行对数分析

1)客流预测情况

(1)客流预测总体指标

19 号线预测初期日客流量为 52.78 万人次,近期客流增长至 78.52 万人次,远期日客流量达到 109.90 万人次。从 19 号线客运量可以看出,19 号线两端连接城市外围组团,客流量级相对较大。在近期 19 号线随着周边组团的开发,客运量将有较大提升,增长幅度达 48.75%。在远期随着城市人口的增长,19 号线客流吸引加强,客运量提升,增长幅度达 39.97%,见表 4-1。

19 号线预测年客流指标

表 4-1

年份	2025 年		2032 年		2047 年	
指标	数据	增长幅度(%)	数据	增长幅度(%)	数据	增长幅度(%)
全日						
长度(km)	98.7	—	108.97	10.41%	108.97	—
客运量(万人次/d)	52.78	—	78.52	48.75%	109.90	39.97%
负荷强度(万人次/km)	0.53	—	0.72	34.73%	1.01	39.97%
单向最高断面客流(万人次)	7.28	—	11.21	54.10%	15.93	42.07%
平均运距(km/人次)	16.66	—	17.77	6.71%	17.42	-2.00%
周转量(万人次·km/d)	879.20	—	1395.60	58.73%	1914.28	37.17%
早高峰						
客运量(万人次/h)	8.90	—	12.67	42.38%	17.05	34.63%
早高峰系数	16.86%	—	16.13%	-4.29%	15.52%	-3.82%
单向最高断面客流(万人次)	1.97	—	2.56	29.66%	3.55	38.70%
晚高峰						
客运量(万人次/h)	8.50	—	12.06	41.85%	16.32	35.31%
晚高峰系数	16.11%	—	15.36%	-4.64%	14.85%	-3.33%
单向最高断面客流(万人次)	1.84	—	2.38	29.62%	3.35	40.50%

(2)客流特征分析

19 号线全日以及早、晚高峰的客流断面分布均呈纺锤形,早晚高峰上下行方向分布呈现出一定的潮汐特性:早高峰下行方向客流量明显高于上行方向,晚高峰则相反,如图 4-14 所示。

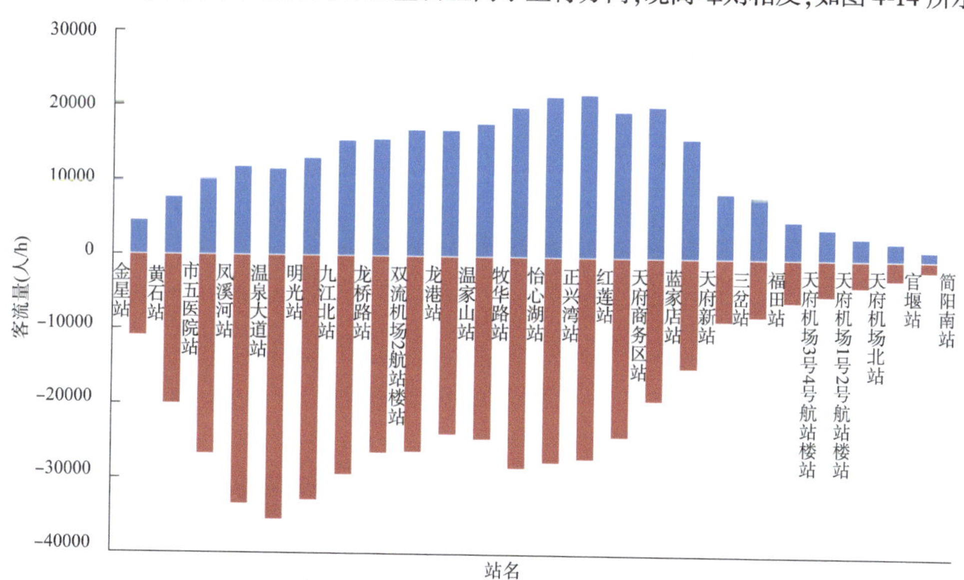

图 4-14 远期早高峰客流断面图

远期 19 号线早高峰时段在 7:30～8:30 早高峰客运量占全日客运量的 15.52%，晚高峰时段在 17:30～18:30，晚高峰客运量占全日客运量的 14.85%。另外，8:30～9:30 及 18:30～19:30 两个时段的客流量也比较大，分别占全日客流的 9.52%、9.85%。这说明早晚高峰都有一个持续的过程，如图 4-15 所示。

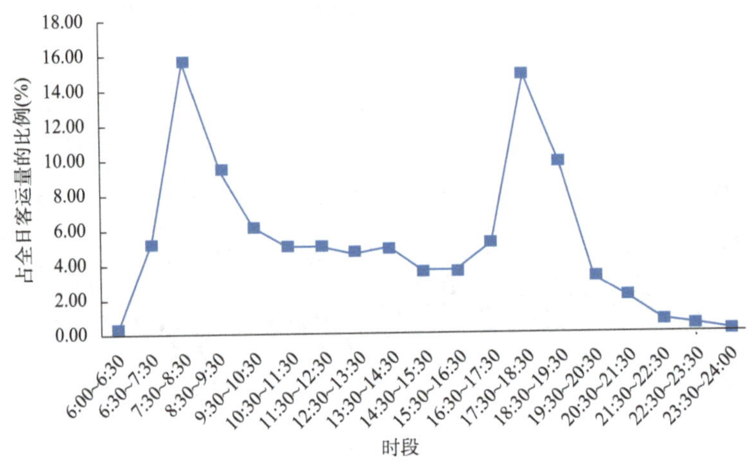

图 4-15　远期分时客流分布示意

(3)机场客流情况

双流机场定位为以国内精品航线和本省及周边城市的支线航班为主的特色机场，积极发展西南地区的公务机基地服务，保留部分国际或地区航线。天府机场定位为我国西南地区的区域性国际航空门户枢纽。

根据客流预测 OD，对双流机场和天府机场双机场间的远期全日、早高峰直达客流 OD 分析，见表 4-2、表 4-3。

远期全日双机场直达客流 OD 表(单位:人/d)　　表 4-2

OD	双流机场 2 航站楼站	天府机场 1 号 2 号航站楼站	天府机场 3 号 4 号航站楼站
双流机场 2 航站楼站	0	2874	2693
天府机场 1 号 2 号航站楼站	2891	0	—
天府机场 3 号 4 号航站楼站	2827	—	0

远期早高峰双机场直达客流 OD 表(单位:人/h)　　表 4-3

远期早高峰	双流机场 2 航站楼站	天府机场 3 号 4 号航站楼站	天府机场 1 号 2 号航站楼站
双流机场 2 航站楼站	0	509	518
天府机场 3 号 4 号航站楼站	358	0	—
天府机场 1 号 2 号航站楼站	343	—	0

可见，全日双机场间直达客运量为 11285 人/d，双机场直达客流需求量较小。

2)列车开行对数分析

18 号线连接火车北站—简阳南站，是连接成都市核心区、天府新区与天府机场的市域快轨。目前，18 号线一二期工程已开通运营，18 号线在天府新站预留了 19 号线进入其天府新—简阳南站段贯通运营的条件。结合相关政府部门关于新老机场间30min快速直达的要求，本项目还需开行双机场间的直达车。

19号线远期高峰小时客流断面为3.55万人次/h，鉴于19号线具有市域快轨干线和机场线的复合功能，高峰小时开行两场间的直达方案会影响19号线的运输能力，故双机场直达车只在平峰时段开行。

(1)高峰时段19号线与18号线贯通运营交路开行对数分析

19号线在共线段采用站站停列车运营模式。跨线运行交路的范围为：金星站—天府机场北站(近、远期到简阳南站)。

18号线已经开行了快慢车模式，共线段19号线采用站站停模式可以较好地分担18号线列车的客运压力，同时，也可提高19号线的可达性。

19号线与18号线共轨段天府新站—天府机场北站(近、远期简阳南站)，其中最高客流断面19号线分别为0.50万人次/h、0.72万人次/h、0.88万人次/h，18号线分别为0.41万人次/h、0.76万人次/h、1.20万人次/h。共线段客流两线初、近期大致相当，远期18号线略大于19号线，从保证两线各设计年度服务水平一致的角度出发，建议18号线、19号线共线段列车开行对数一致。

本次19号线贯通运营大交路开行对数推荐与18号线大站快车+站站停列车的总行车量保持一致，即初、近、远期分别为8对/h、8对/h、10对/h。

(2)高峰时段19号线运营小交路开行对数分析

从客流断面分布图可以看出：客流东端回落点为蓝家店站，从客流断面分析，建议将东段小交路折返点设置在蓝家店站以东。考虑到天府新站既是我国“八纵八横”高速路连接系统的客流主要集散枢纽，又是市域快轨、普速地铁构成的“五纵十横”的城市捷运系统的重要组成部分，因此小交路折返点设置在天府新站。

根据客流预测情况及大交路开行对数，本次小交路开行对数初、近、远期分别为12对/h、16对/h、20对/h。

(3)平峰时段双机场直达列车开行对数分析

根据省市政府相关部门关于双机场间的直达车的开行对数要求，双机场间直达车开行对数初、近、远期均为4对/h。

4.5.4 列车运行交路方案

1)高峰小时列车运行交路方案

结合项目特点、客流预测情况等，19号线各设计年度推荐开行的交路方案如图4-16所示。

19号线系统规模按A8编组单一交路30对/h控制，最小行车间隔2.0min。

2)平峰小时列车运行交路方案(增加双机场直达交路)

由于本项目在平峰小时需开行双机场直达车，平峰小时列车运行交路方案如图4-17所示。

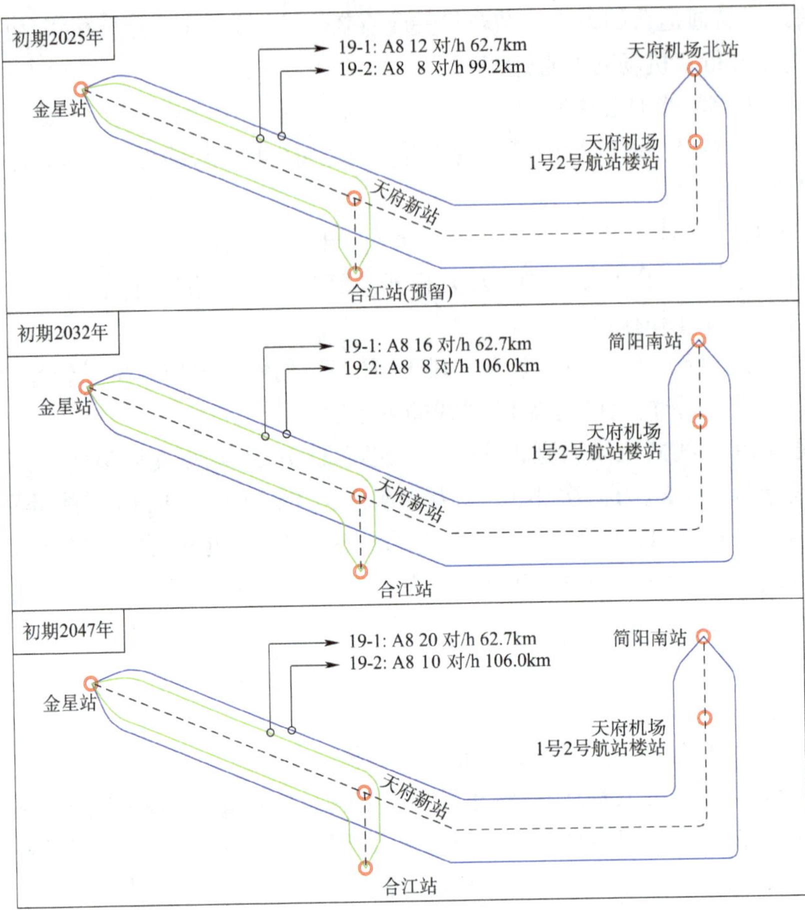

图 4-16　高峰小时列车运行交路推荐方案

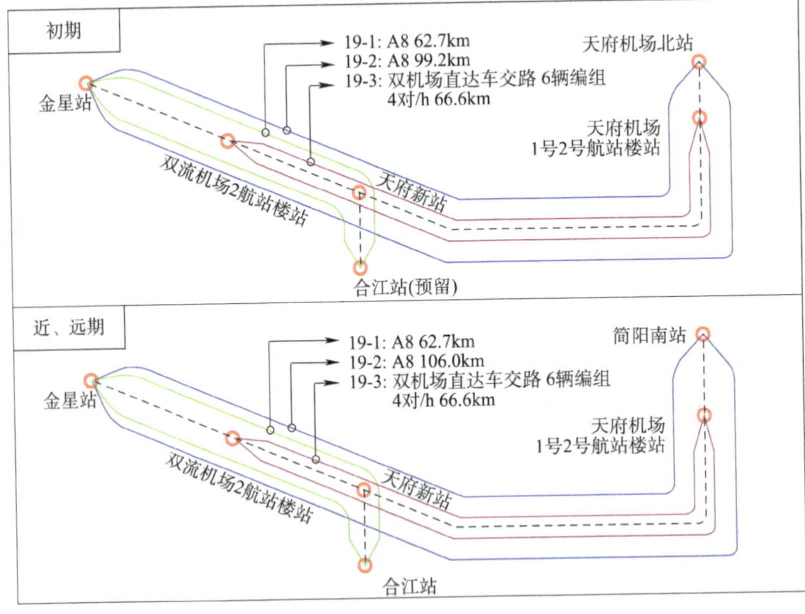

图 4-17　平峰小时列车运行交路方案

为满足客流预测等相关需求，平峰期19-1开行对数为8对/h，19-2开行对数为4对/h，双机场直达交路为4对/h，平峰期最大能力满足不小于16对/h的要求。

4.5.5 系统能力计算

综上所述，19号线需在平峰时段采用不等速快慢车运营模式，其中快车开行对数 $n_{快}$ 为4对/h，系统最小行车间隔 h 为2min，系统能力需满足不小于16对/h的要求。

现根据前述不等速快慢车运营模式系统能力计算方法，对其平峰时期的系统能力进行计算。

1）确定快车停靠站及初步确定越行点的分布情况

机场直达车运行范围为双流机场2航站楼站—天府机场1号2号航站楼站，初期仅停靠起终点站，近、远期增加停靠天府机场3号4号航站楼站。

结合工程实施条件，初步考虑分别在正兴湾站、蓝家店站、三岔站（18号线部分）设置越行站，越行点数量 m 为3个。

2）综合车辆资料、停站方案及线站位条件进行列车模拟牵引计算，获得最大的运行时间差 Δt_{max}。

分别对19号线的快、慢车进行列车模拟牵引计算，越行点前后区段的快、慢车运行时间差如图4-18所示。其中，双流机场2航站楼站—正兴湾站为 $\Delta t_1=7$min，正兴湾站—蓝家店站 $\Delta t_2=4$min，蓝家店站—三岔站 $\Delta t_3=2$min，三岔站—天府机场1号2号航站楼站 $\Delta t_4=2$min。因此，越行点前后区段的快、慢车最大运行时间差 $\Delta t_{max}=7$min。

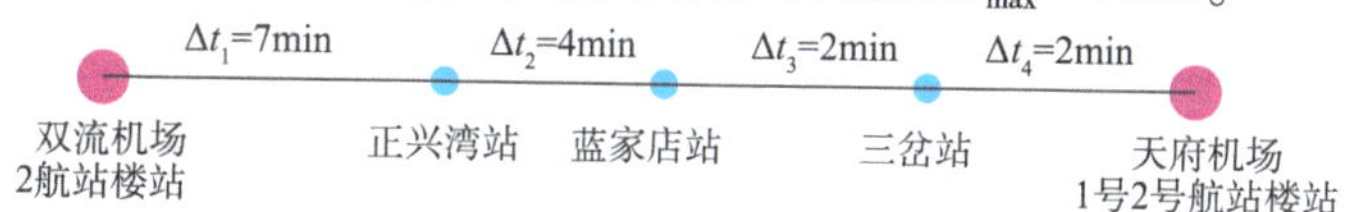

图4-18 越行站设置方案一运行时间差

3）根据规划设计指标结合 Δt_{max}，计算出每小时最大开行对数 N

由上可知，快车开行对数 $n_{快}=4$，系统最小行车间隔 h 为2min，越行点前后区段的快、慢车最大运行时间差 Δt_{max} 为7min，越行点数量 m 为3个。

根据式(4-4)，$N=[60-n_{快}\times\Delta t_{max}-m\times(\Delta t_{max}+1-h)]/h=[60-4\times7-3\times(7+1-2)]/2=7$（对/h）。

越行点设置方案一，最大能力 N 为7对/h，不满足最大能力需不小于16对/h的要求，因此，需对越行站设置方案进行调整。

4）调整越行点的分布情况

为了进一步减少 Δt_{max}，结合工程实施条件，在双流机场2航站楼站—正兴湾站区段增设温家山站为越行站。越行点数量 m 由原来的3增加为4，Δt_{max} 由原7min减少为4min。越行点前后区段的快、慢车运行时间差如图4-19所示。

5）再次根据规划设计指标结合 Δt_{max}，计算出每小时最大开行对数 N

由上可知，快车开行对数 $n_{快}=4$，系统最小行车间隔 h 为2min，越行点前后区段的快、慢

车最大运行时间差 Δt_{max} 为 4min,越行点数量 m 为 4 个。

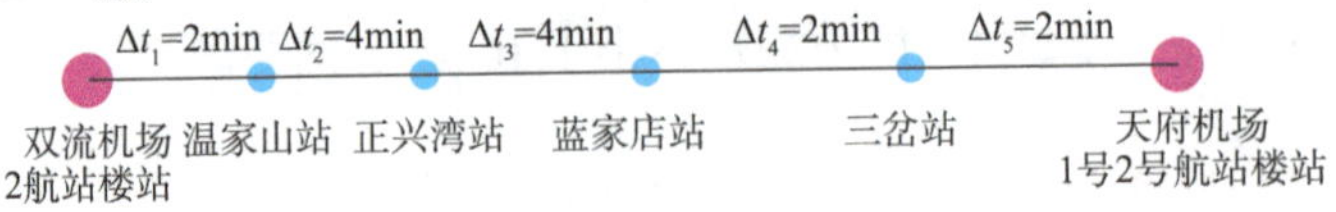

图 4-19 越行站设置方案二运行时间差

根据式(4-4),$N = [60 - n_{快} \cdot \Delta t_{max} - m \cdot (\Delta t_{max} + 1 - h)]/h = [60 - 4 \times 4 - 4 \times (4 + 1 - 2)]/2 = 16$(对/h)。

越行点设置方案二,最大能力 N 为 16 对/h,满足最大能力需不小于 16 对/h 的要求,因此,该越行站设置方案可行。

6)铺画运行图验证

根据越行点设置方案二,即设置温家山站、正兴湾站、蓝家店站、三岔站(18 号线)4 个越行站,铺画运行图。经验证,在平峰时段(图 4-20 所示 12:00 ~ 13:00),19-1 小交路金星站—合江站开行对数为 8 对/h,19-2 大交路金星站—天府机场北站开行对数为 4 对/h,双机场直达交路开行对数为 4 对/h,满足最大能力不小于 16 对/h 的要求。

4.5.6 全线辅助配线设置

根据以上系统能力计算、越行站设置方案,结合列车运行交路设置、车辆段/停车场布置及出入段线接轨方案,并考虑列车运营期间列车故障工况,19 号线全线车站辅助配线如图 4-21所示,其中在温家山站、正兴湾站、蓝家店站设置了越行线。

综上所述,根据相关规划要求,19 号线平峰时段需采用不等速快慢车运营模式,平峰时段快车开行对数为 4 对/h,本次根据不等速快慢车系统能力计算方法,拟定了 19 号线的不同越行站设置方案,最终确定在温家山站、正兴湾站、蓝家店站、三岔站设置越行站的方案下,平峰时段系统能力可达到 16 对/h,可以满足平峰时段的系统能力要求(不小于 16 对/h),且该方案通过了运行图铺画验证。

因此,本书不等速快慢车系统能力计算方法科学合理,能有效指导设计。

4.5.7 相关系统配置

1)限界与站台门

为降低快车的运行能耗、保证快车的越站效率,快车不停站通过车站的运行速度往往高于慢车在车站端的运行速度,这就需要加大快车不停靠车站的站台建筑限界。为满足空气动力学需求,限界方案的站台及侧墙需作出相应调整,限界方案主要受快车越行过站速度影响。有越行工况的情况下,过站速度越高,为满足空气动力学与设备安装强度要求,站台门距线路中心线的距离就越大。

19 号线地下站越行过站速度 160km/h,原设计站台门退距为 800mm。站台门专业设计采取的间隙防护措施有机械防夹装置:由滑动门底部防踏斜面板、防夹挡板组成;也设置有站台门系统电气防夹装置:由光幕检测装置、激光雷达探测装置、站台端头灯带组成。

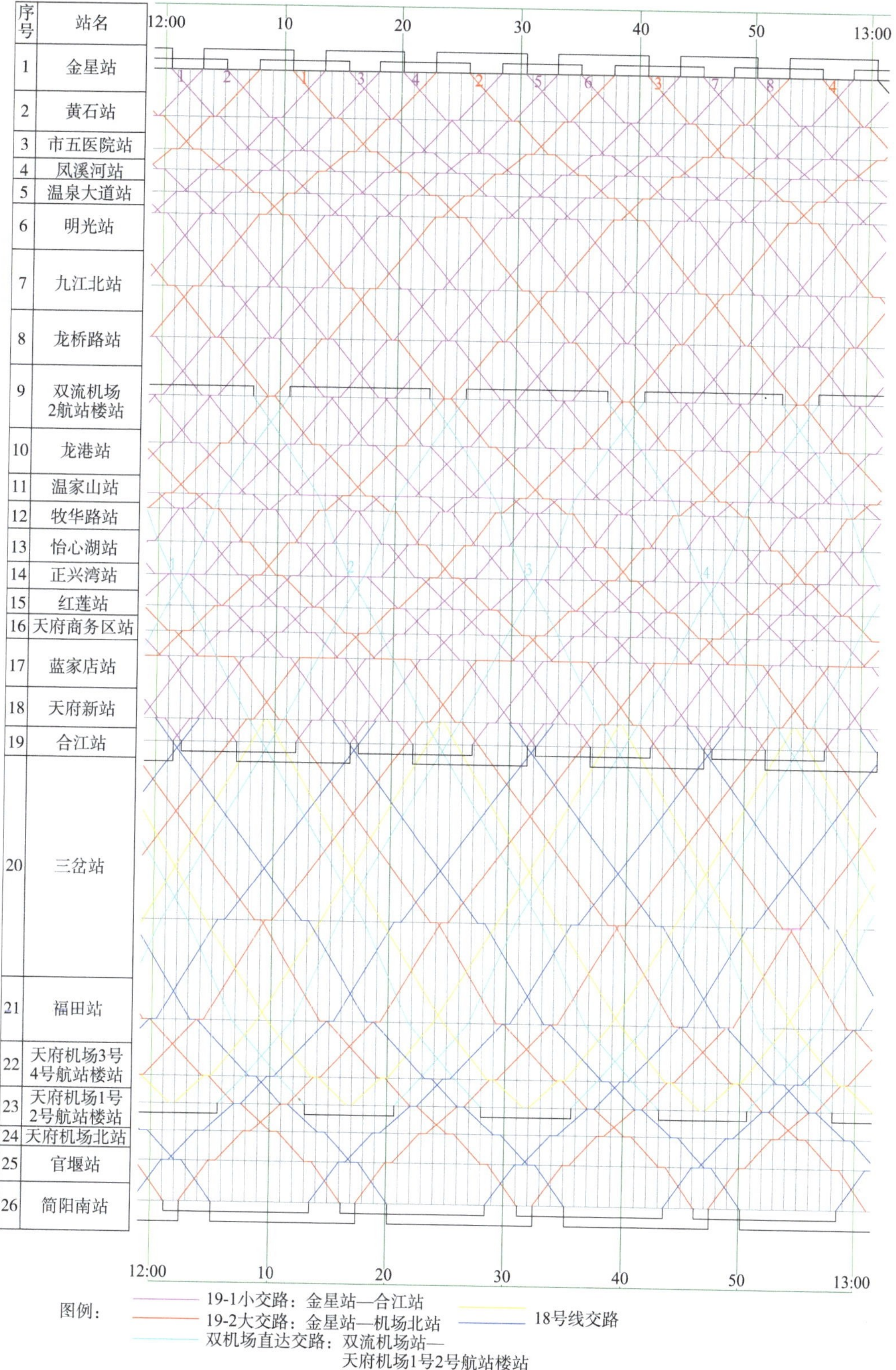

图4-20　19号线平峰时段列车运行图

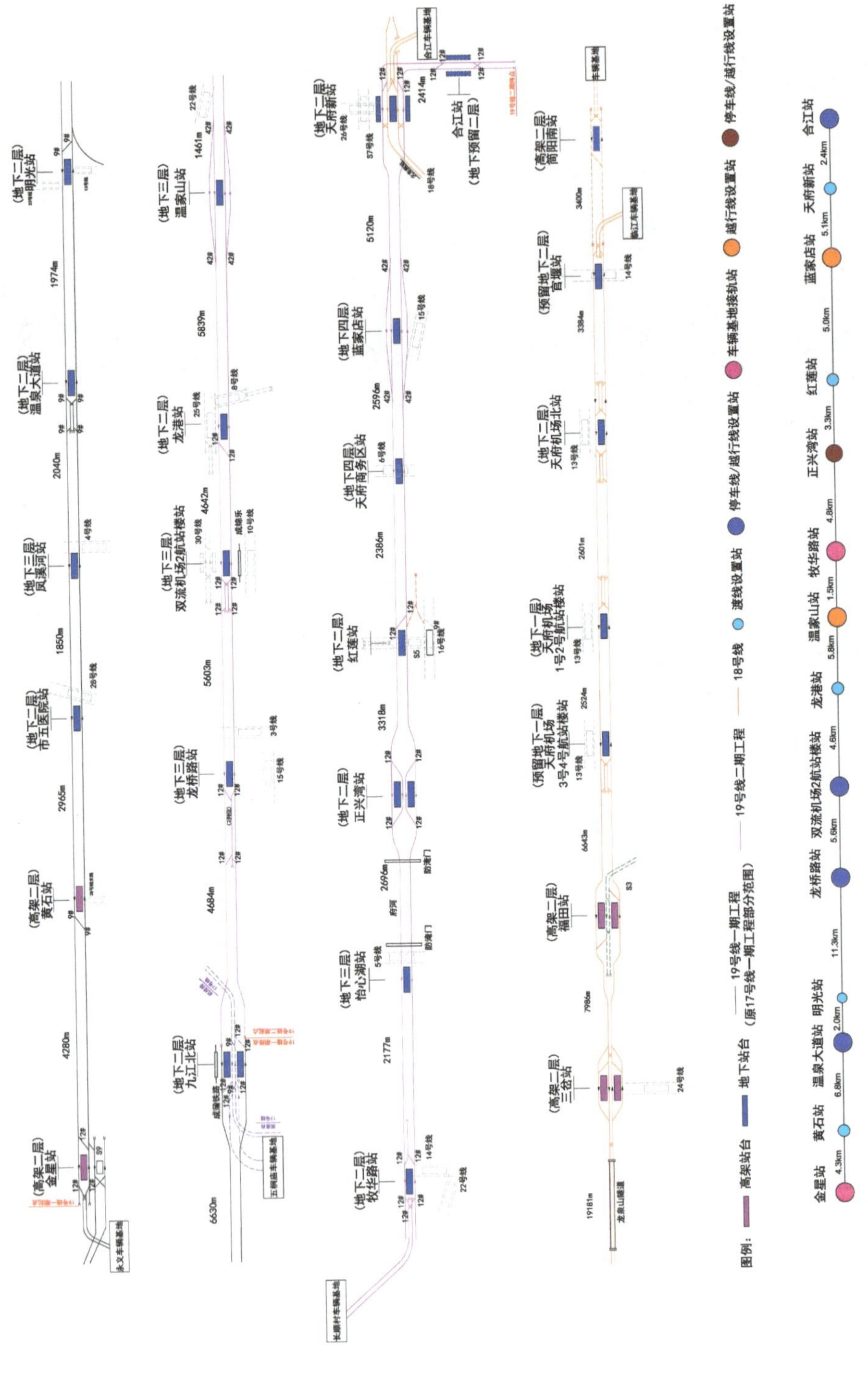

图例：高架站台　地下站台　19号线一期工程（原17号线一期工程部分范围）　19号线二期工程　18号线

渡线设置站　停车线/越行线设置站　车辆基地接轨站　越行线设置站　停车线/越行线设置站

金星站　4.3km　黄石站　6.8km　温泉大道站　2.0km　明光站　11.3km　龙桥路站　5.6km　双流机场2航站楼站　4.6km　龙港站　5.8km　温家山站　1.5km　牧华路站　4.8km　正兴湾站　3.3km　红莲站　5.0km　蓝家店站　5.1km　天府新站　2.4km　合江站

图4-21　19号线全线车站配线图

需要说明的是,18 号线采用等速快慢车运营模式,其一、二期工程已于 2020 年 12 月 18 日全线开通运营。根据运营实测数据显示,地下站越站速度 100km/h 时,站台门可考虑不退距。因此,综合 19 号线地下站越行过站速度 160km/h,最终 19 号线设计按站台门退距由原 800mm 调整为 200mm。该站台门退距较小,站台门方案与站站停运营模式无异。

2)越行站和轨道道岔选型

为了满足机场直达车的运营需求,19 号线共设置三处越行点。其中在温家山站、蓝家店站,不同于常规越行站双岛四线的配线形式,其结合工程实际采用单岛四线的配线形式,道岔采用 42 号可动心轨道岔(侧向过岔速度可达到 160km/h),保证机场直达列车侧向过站不降速,保证站站停列车均直向过岔。其中,42 号可动心轨道岔虽然在高铁中运营成熟,但为全国地铁首次采用,如图 4-22 所示。

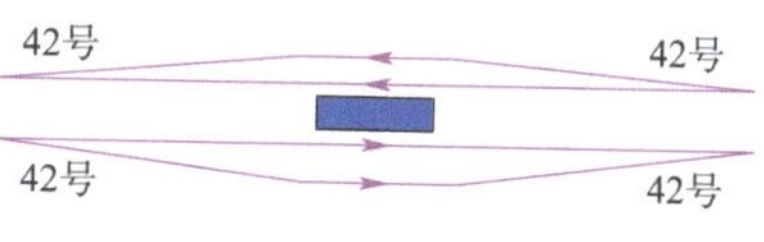

图 4-22 温家山站、蓝家店站配线设置

3)信号系统

①采用基于通信的移动闭塞制式信号系统,正线区段设计间隔为 100s;折返站的折返能力及出、入车场的能力应与正线运营间隔相适应,满足 120s 系统能力要求。

②列车自动控制系统(ATC)应满足最高运行速度 160km/h 条件下列车运行控制和车地通信可靠传输的要求。

③信号系统满足不同编组列车、不同运行速度列车混合运行及机场直达列车越行站站停列车的运营需求。

在等速快慢车的基础上:

①系统将最高运行速度 160km/h 的 6 节编组快车和最高运行速度 140km/h 的 8 节编组慢车的参数、牵引制动性能统一考虑,不同速度和编组的列车分别根据车辆性能进行 ATP 控车曲线和控车策略进行运行控制。

②轨旁设备布置按照系统计算的最安全距离进行设置,联锁安全解锁时间、保护区段长度、紧急制动距离、定位信标设置等均按照最严格情况考虑。

③信号联锁系统与站台门的接口需区分长短车。

④在站台、存车线、折返区为 160km/h(6 节编组)列车尾端增设定位信标。

⑤信号系统需实现不同编组列车条件下与乘客信息系统、广播等系统的安全可靠接口。

⑥两种车型的信标天线、车载天线的位置尽量保持一致。

4)车辆基地

①洗车机设备需增加车辆外形尺寸适应性需求,不落轮镟床设备增加车辆车轮、轴箱适应性需求。相关设备需在招标中增加功能要求。

②作业平台尺寸按照车辆限界尺寸核算,结构荷载按照车辆轴重核算。

③段场总图布置的曲线半径及出入段线坡度按照车辆要求核算。不同车型车钩类型及高度不同引起的调机、公铁两用车车钩配置变化。

④根据车辆资料核对平台设置的蓄电池检修缺口和车间电源柜设置位置,考虑不同车型的兼容性。车间电源柜容量根据车辆需求进行核算。

5 跨线运营模式

5.1 跨线运营模式概述

市域快轨网的跨线运营可以改善外围末端线路利用率不足的问题，同时提高轨道交通可达性、提高运营效率，在东京、巴黎等城市轨道交通均采用了跨线运营设计理念并成功实践。

日本东京由于历史原因，中心城区和外围城区轨道交通线路采用了不同的车辆和供电制式，只能通过双制式车辆来解决跨线运营的问题，但车辆需要安装两套车载设备，车辆单价较高，工程改造难度较大。由于我国轨道交通发展起步晚，因此，建议在规划研究阶段，就根据客流需求采用同制式模式下的跨线运营模式。

同制式的跨线运营模式，车辆、强弱供电均采用相同（或者兼容）的系统制式，适用于满足不同线路相同出行目标的需求，如传统的线网中交叉线路客流需要采用换乘的方式到达同一目的地，而跨线运营则可以实现选择不同运行方向的列车不换乘直接到达目的地。

跨线运营模式的行车组织设计主要包含：跨线节点规划方法、跨线交路设计和跨线节点车站配线设计三个主要内容。

5.2 跨线运营模式适用条件

对于一条轨道交通线路，是否适用跨线运营模式，主要从以下三个方面进行评价。

1）车站换乘系数

城市轨道交通换乘系数，是反映乘客城市轨道交通出行便捷性的关键指标，也是评价城市轨道交通线网规划建设方案优劣的主要指标。换乘站的换乘系数是指各线的换乘量之和与乘降量的比值，换乘系数的数值越大，说明车站换乘乘客的比例越高，跨线运营的必要性也越大。

2)时间的节省

开行跨线车目的是减少换乘次数,保证乘客快捷到达目的地。由于跨线车占用相邻线路能力,频次一般不会太高,跨线乘客候车时间较长,如出行效率低于换乘方式,就失去了跨线运营的意义。

3)系统能力富余

列车跨线运营后,对进入线路共线区段会产生一定的能力损失,因此,研究线路是否具备系统输送能力富余,就成为跨线运营模式是否适用的判定前期条件。一般来说,系统能力富余5对/h以上的线路,可以考虑跨线运营,跨线交路的开行对数一般不大于5对/h。

5.3 跨线运营设计理论及方法

5.3.1 跨线节点规划方法

线网规划跨线节点设计,应以城市空间布局为基础,综合考虑城市空间和轨道交通线网布局、换乘节点车站各象限客流分布,并结合系统能力利用效率和工程可实施条件,综合确定线网跨线节点布局方案。

1)城市空间布局分析

首先,根据城市空间布局与规划,分析哪些组团间位于同一城市发展主轴上,结合城市轨道交通线网布局规划,初步确定线网中哪些轨道交通线路具有跨线运营需求。

2)线网规划与功能分析

其次,根据轨道交通线网规划对于线路功能定位的划分,如成都轨道交通18号线、19号线,均具有通过龙泉山廊道快速到达天府机场的功能,结合18号线、19号线的线路走向,考虑将天府新站作为两线跨线运营节点,并预留两线在天府新站—天府机场1号2号航站楼站共轨运行的条件。

3)换乘客流需求分析

针对平行换乘的轨道交通线路,通过分析跨线节点车站的各象限的客流情况,考察换乘客流最大两个方向的客流交换量占客流总量的百分比,结合工程实施条件,最终落实跨线运营节点设计情况。

4)系统能力利用效率分析

根据国外线网规划的经验,外围多支+中心共线的线网形态,是实现有限的线网规模下，提高运营效率的有效途径，比如东京或者波士顿均采用了类似线网规划的理念。

结合以上的各项分析，针对全线可能的跨线节点车站，结合各影响因素制成跨线节点打分表(表5-1)，对各站进行综合评价，确定跨线节点车站设置情况。

跨线节点打分表　　表5-1

序号	站　名	城市空间布局	线网规划与功能	换乘客流需求	其他评价内容	综合评价
1	车站1					
2	车站2					
⋮						

5.3.2 跨线交路设计

根据跨线节点在轨道交通线网中的位置，主要存在"X"形、"Y"形和"∞"形三种基础跨线交路形态，如图5-1所示。

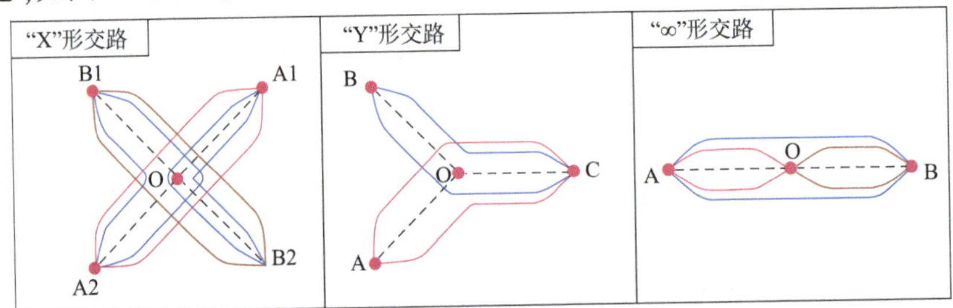

图5-1　跨线交路形态

注：O点为跨线节点车站，蓝色交路为跨线交路。

5.3.3 跨线节点车站配线设计

根据不同跨线交路，可把跨线运营节点车站的配线分为以下三类。

1)"X"形跨线节点配线设计

针对"X"形跨线交路，其跨线节点车站的配线形式通常采用以下两种方案，如图5-2所示。

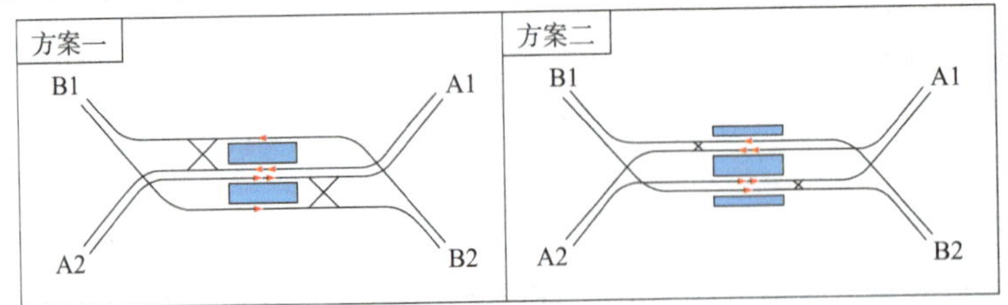

图5-2　"X"形跨线配线方案图(方案一、方案二)

方案一：车站采用双岛四线方案。B1B2两正线外包，A2A1两正线位于两岛式站台中央，为具备跨线运营的功能，两线通过交叉渡线联通。

方案二：车站采用一岛两侧四线方案。B1B2两正线外包，A2A1两正线位于两岛式站台中央，为具备跨线运营的功能，两线通过交叉渡线联通。

需要指出的是，每开行1对/h的B1—O—A1交路，A2—O区段的系统能力将下降1对/h；在同时开行B1—O—A1和A2—O—B2两条跨线交路的时候，各开行1对/h的跨线列车，B1—O—A1和B2—O—A2线路的系统能力将各降低1对/h，如图5-3所示。

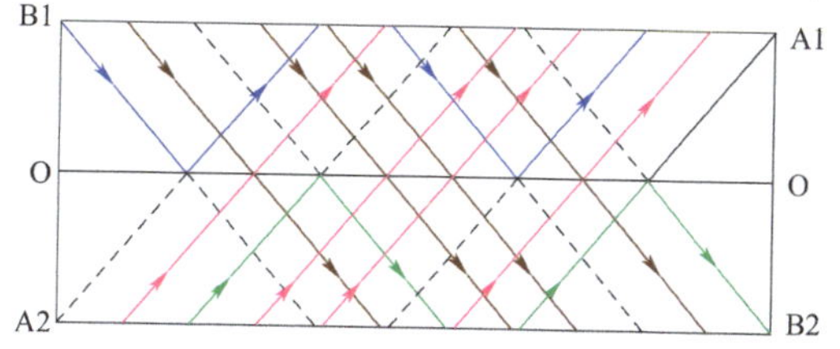

图5-3 "X"形跨线交路系统能力损失示意图

因此，为降低对系统能力的影响，跨线运营交路的开行对数往往较低，且跨线运营节点车站推荐设置于市郊客流稀少的区段。

当跨线列车的开行对数相对较少时，为便于同向乘客同台换乘，通常推荐采用双岛四线方案；当跨线列车的开行对数相对较多时，为提高跨线列车占用交叉渡线岔区的使用效率，以及为满足出入线接轨、小交路列车折返等其他功能需求时，可推荐采用单岛两侧方案。

方案三：利用一个站解决跨线问题，跨线配线与单渡线立交，并在区间接轨。

为解决上述跨线系统能力损失的问题，在跨线配线设计上，可将车站端头的交叉渡线改为"立交"的两根"单渡线"。根据其中一根"单渡线"的接轨是在区间（或者车站），提出以下区间立交的配线方案（方案三），如图5-4所示。

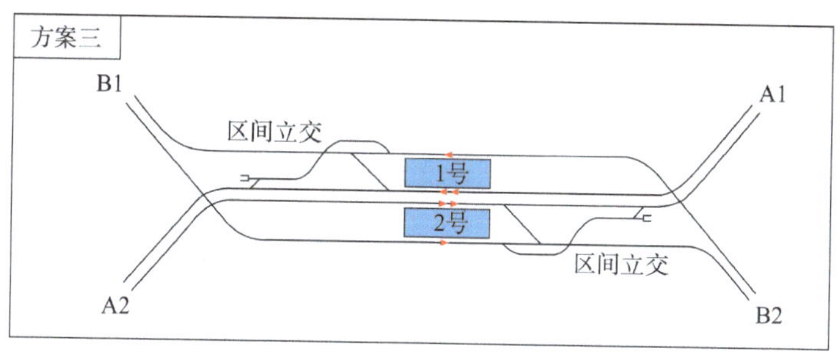

图5-4 "X"形跨线配线方案图（方案三）

方案三由于采用区间接轨，车站规模和区间的可实施难度均相对较大。若考虑将跨线运营的节点由一个车站，调整为两个车站，又存在以下两种方案（方案四和方案五），如图5-5所示。

方案四：利用两个车站解决跨线问题，为缩减平面车站规模，两站均按三岛五线设计；区间按六线设计。其中，四条为两条线路的正线，两条为跨线配线，跨线配线与正线在区间立交，并在下一个车站接入正线。

方案五：与方案四类似，解决跨线问题的两个车站均按双岛四线设计（合计四岛八线），并采用上、下叠层叠拼的组合方式。

尽管上述三个方案可以解决跨线能力损失问题，但由于其车站规模相对较大，在实际工程应用中往往受到车站用地及周边建构筑物的限制。尤其是方案四和方案五，其车站规模巨大，在实际工程应用上受拆迁和其他工程可实施条件的限制，推荐用于市郊的地面或者高架车站。

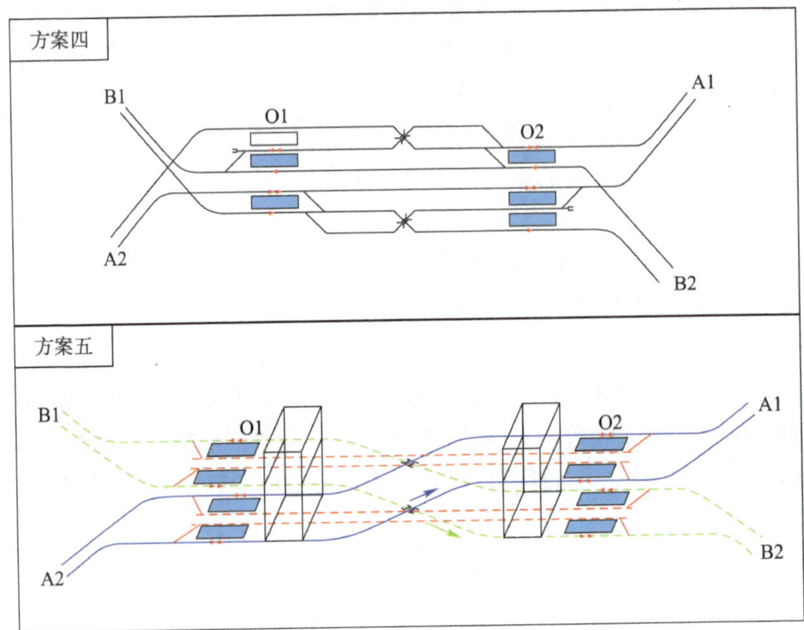

图 5-5 “X”形跨线配线方案图(方案四、方案五)

2)“Y”形跨线节点配线设计

针对“Y”形的跨线交路,其跨线节点车站的配线形式存在以下两种方案,如图 5-6 所示。

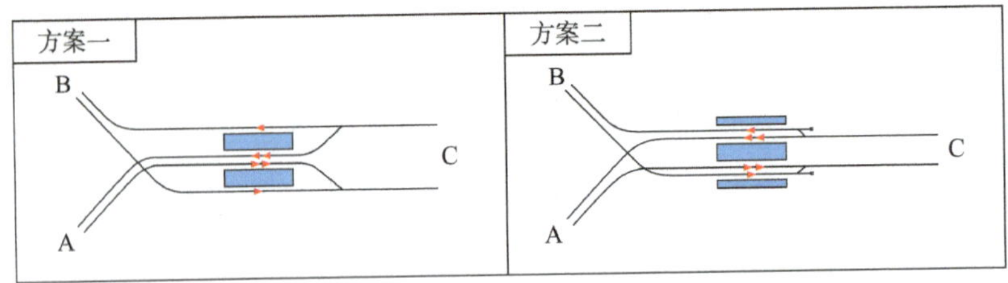

图 5-6 “Y”形跨线配线方案图

方案一:车站采用双岛四线方案。BC 两正线外包,AC 两正线位于两岛式站台中央,为具备跨线运营的功能,两线在车站通过单渡线联通。

方案二:车站采用一岛两侧四线方案。BC 两正线外包,AC 两正线位于两岛式站台中央,为具备跨线运营的功能,两线在车站通过单渡线联通。

经能力检算,两个方案的跨线通过能力均可满足共线段 30 对/h 的要求。

为了便于同向乘客同台换乘,通常推荐采用双岛四线方案;为满足出入线接轨、小交路列车折返等其他功能需求时,可推荐采用单岛两侧方案。

3)“∞”形跨线节点配线设计

针对“∞”形的跨线交路,其跨线节点车站的配线形式存在以下四种方案,如图 5-7 所示。

方案一:车站采用双岛四线方案。B—O—B 的列车利用(1 号)岛式站台站后双停车线折返,A—O—A 的列车利用(2 号)岛式站台站前交叉渡线折返,A—O—A 进出站两个方向,与正线接轨点位于 AO 区间;A—O—B 以及 B—O—A 的跨线列车停靠(1 号)岛式站台的两侧股道。

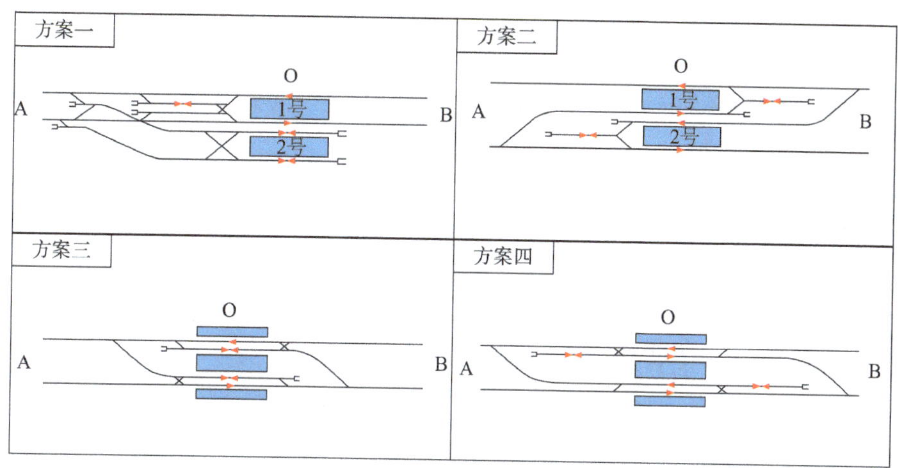

图 5-7 "∞"形跨线配线方案图

方案二:车站采用双岛四线方案。A—O—A 的列车利用(1 号)岛式站台站后双停车线折返,A—O 进站方向与正线的接轨点位于 AO 区间;B—O—B 的列车利用(2 号)岛式站台站后双停车线折返,B—O 进站方向与正线的接轨点位于 BO 区间;A—O—B 以及 B—O—A 的跨线列车分别停靠(1 号、2 号)两个岛式站台的外侧股道。

方案三:车站采用一岛两侧四线方案,A—O—A 的列车利用岛式站台站前折返,O—A 出站方向与正线的接轨点位于 AO 区间;B—O—B 的列车利用岛式站台站前折返,O—B 出站方向与正线的接轨点位于 BO 区间;A—O—B 以及 B—O—A 的跨线列车分别停靠两个侧式站台。

方案四:车站采用一岛两侧四线方案,A—O—A 的列车利用岛式和侧式站台站后折返,O—A 出站方向与正线的接轨点位于 AO 区间;B—O—B 的列车利用岛式和侧式站台站后折返,O—B 出站方向与正线的接轨点位于 BO 区间;A—O—B 以及 B—O—A 的跨线列车分别停靠两个侧式站台。

对于 6 ~ 8A 规模的车站,站后折返的折返能力往往高于站前折返,因此,方案二和方案四适用于折返能力要求较高,而跨线通过能力要求较低的情况;方案三适用于折返能力要求较低,而跨线通过能力要求较高的情况;方案一适用于一个方向折返能力要求较高,另一个方向折返能力较低,而跨线通过能力要求较低的情况。

5.3.4 跨线各系统配置条件

由于日本东京历史原因,地铁和 JR 线(市域快轨)采用了不同的车辆和供电制式,其车辆需要安装两套车载设备,存在车辆单价较高、营运维保困难的问题。

而我国轨道交通起步较晚,建议在市域快轨规划阶段即统一系统制式,即车辆、强弱电均采用相同(或者兼容)的系统制式。

1)线路及限界

为实现跨线运营,必须采用相同的线路和限界标准,或者保证线路和限界标准可以兼容,具体包含:线路的平、纵断面能够兼容,轨距相同,车辆限界相互兼容。

2)车辆

为实现跨线运营,必须采用相同制式的车辆,或者保证车辆的走行部分、受电设备、车门系统和车辆编组相互兼容。

3)站台门

各线应统一车门,或者站台门设计应与各条线路的车门设计相兼容。

4)供电系统

为实现跨线运营,建议采用相同制式的供电系统,各条线路的接触网分段设计,既保证各条线的独立可靠运行,也满足跨线运营的需要。此外,对于跨线运营的各条线路,应结合各线控制中心的设置情况,对电力监控系统进行配置,并保证电力监控系统之间进行必要的信息互通和共享,从而便于今后的运营、维护及管理。

5)信号系统

如考虑跨线运营,其信号系统有两种方案可供选择:一是各线采用同一供货商的系统方案,装备相同(或通用)的车载设备,二是各线采用不同供货商的系统方案,在跨线列车上安装两套车载设备。

(1)各线采用同一供货商的系统方案

若采用同一家供货商的基于通信的列车自动控制系统 CBTC 移动闭塞信号系统,则能够实现 CBTC 模式的贯通运营。

该方案技术成熟,接口简单,工程实施难度小。若具备相关条件,则推荐各线采用同一供货商的 CBTC 系统。

(2)各线采用不同供货商的系统方案

若采用不同家供货商的信号系统,有以下两种 ATP/ATO 子系统方案。

方案一:采用具备跨线运营能力的信号系统。

各线分别只采用一套 ATC 设备,以 CBTC 模式实现贯通运营。该方案暂无成功实施的工程案例。

方案二:装备多套车载设备,以 CBTC 模式在共轨段混合运行。

若各线采用不同厂家的 CBTC 系统,且不能实现信号系统的跨线运营,则工程上需考虑在贯通运行的列车上分别安装各线的车载 ATC 设备,各线之间设置过渡重叠区。列车进入重叠区,初始化后可切换到另一套车载系统进行跨线运营。

方案一虽暂无工程案例,但互联互通符合信号系统的发展趋势,目前由中轨交协联合多家 CBTC 系统供货商,在重庆地铁的配合下正在进行 CBTC 系统的互联互通规范及标准的编制和工程试点。方案二从技术可行性方面看,是可以实现的,但安装两套车载设备,投资会大大增加,且在跨线节点站需信号切换,可能存在不同供货商的车载设备不兼容的问题。

因此,对于新建线路优先推荐方案一,即对于既有线改造,不具备采用相同供货商的系统方案时,可采用具备跨线运营能力的信号系统。

6)调度台系统

跨线运营调度台设置方案,在控制中心共用的情况下,推荐采用按专业划分的方式进行设置,将不同线路相同专业的调度席位统一设置,以便于运营人员对跨线运营列车的调度管理,同时还需结合通信、信号、综合监控系统的设备选型是否一致考虑调度台上各类调度设备的配置方案,以满足贯通运营的要求。

(1)相同厂商各系统调度台配置方案

相同厂商,跨线运营线路可按一套系统来进行统一的设计,因此各调度台仅需配置一套设备就可以满足系统功能要求,设备配置方案与常规线路类似,但需要考虑需结合线路的长度情况,增设相应的调度席位。

(2)不同厂商各系统调度台配置方案

不同厂商各系统调度台的配置,除设置本线行调工作站、无线调度台、CCTV 监视器、广播盒、综合监控工作站、办公自动化终端等之外,还需要结合具体系统的设置方案,增设接入线路的行调工作台、无线调度台、CCTV 监视器和综合监控工作站,同时接入线路的调度台上也需预留一个被接入线路行调工作站的放置位置。

(3)值班主任/维调台配置方案

对于值班主任/维调台的配置,建议在常规配置的基础上,增设接入线的信号工作站和无线调度台。

5.4 应用案例

5.4.1 项目概况

1)成都轨道交通 18 号线概况

成都轨道交通 18 号线为南北向贯穿老城中心、天府新中心的城轨快线和天府机场线双重复合功能线。线路起于火车北站,止于简阳南站,线路全长约 86.6km,设车站 20 座,按一段一场设置(合江车辆段和临江停车场),控制中心位于新苗。18 号线全线线路示意图如图 5-8 所示。

2)成都轨道交通 19 号线概况

成都轨道交通 19 号线为贯穿成都温江、双流、天府新区,连接双流机场和天府机场的市域快轨。线路起于金星站,止于合江站,线路全长约 62.8km,设车站 19 座。19 号线全线线路示意图如图 5-9 所示。

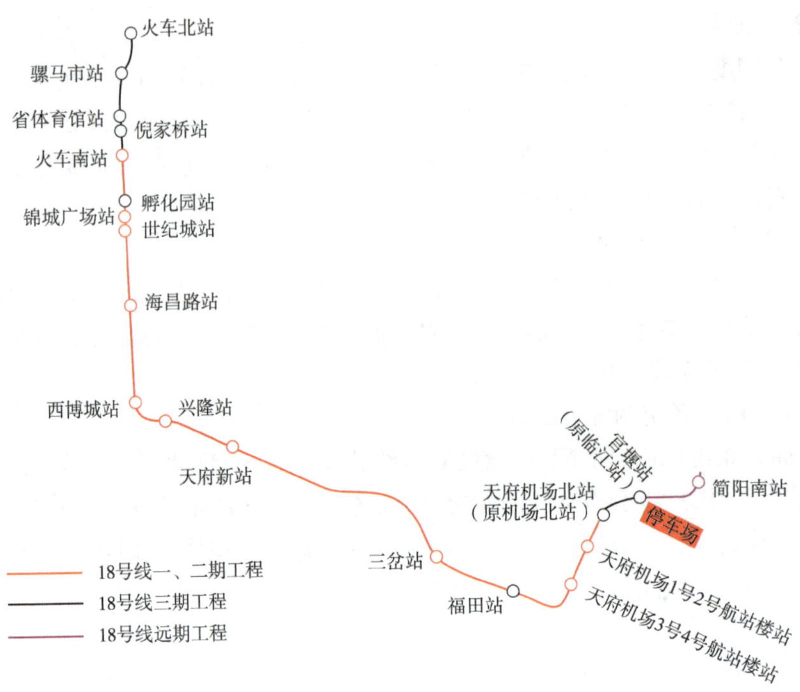

图 5-8　18 号线全线线站位示意图

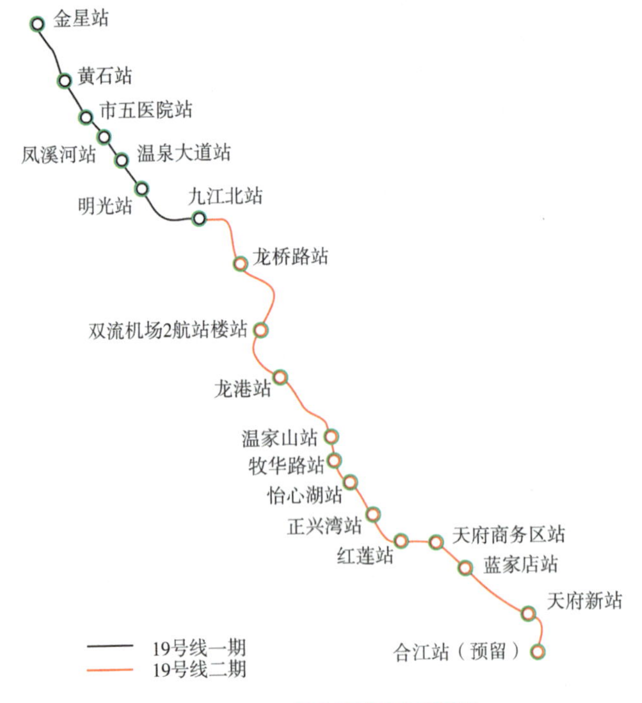

图 5-9　19 号线全线线站位示意图

3）成都轨道交通 18 号线、19 号线跨线运营的意义

天府新站为 18 号线、19 号线的跨线运营节点车站，通过开行跨线运营交路，18 号线、19 号线具有联系双流机场、天府机场双机场的机场快线功能。

5.4.2 系统制式选择

1)车辆系统

18 号线、19 号线车辆选型与列车编组均保持一致:均采用基于地铁 A 型车改造为交流供电 25kV,最高运行速度可达到 140km/h 的市域 A 型车(每侧 4 个车门),如图 5-10 所示。初、近、远期均采用 8 辆编组(6M2T),站席标准采用 4 人/m²。列车定员为 1520 人/列。车厢座席布置图如图 5-11 所示。

图 5-10 18 号线车辆实景照片

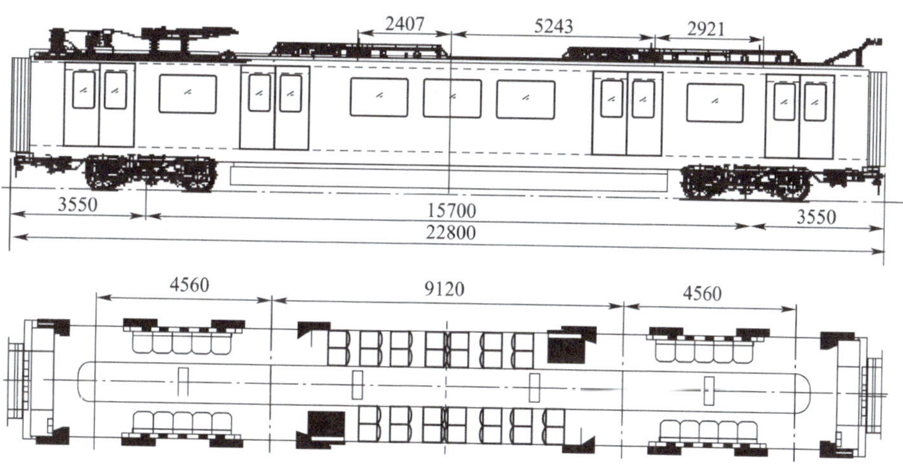

图 5-11 18 号线车辆座席布置平面图(尺寸单位:mm)

2)牵引供电系统

结合成都轨道交通 18 号线、19 号线的功能定位及所采用车型,为满足跨线运营功能需求,各线均采用单相工频 25kV 交流制。

3)信号系统

不同线路之间能够实现跨线运营的关键,除了路径上的物理通道可行之外,在设备系统上的关键之一是信号系统构建标准和设备配置应适应不同信号供货商入场均能实现跨线运营的要求。

①信号系统应支持其他线列车进入本线,在不降级并满足相关运营指标的情况下实现

跨线运营。

②信号系统车载设备应支持本线列车进入其他线，在不降级并满足相关运营指标的情况下实现跨线运营。

信号系统的互联互通主要体现在以三个方面：

①信号系统遵循互联互通的相关技术要求进行系统设计，统一运行模式、统一轨旁设备布置原则、标准化系统的人机界面、实现信号系统的标准化。

②互联互通包括但不限于：车载控制设备和轨旁控制设备的互联互通；相邻轨旁控制设备在边界处的互联互通；ATS 和车载控制设备的互联互通；数据通信子系统和相关子系统的互联互通。

③信号系统应为互联互通提供相应的条件，包括但不限于：信号各子系统执行的功能应标准化；信号各子系统的接口应标准化，采用国际标准接口协议、接口类型等；信号系统的车地通信内容标准化；所有子系统间的通信连接应使用国际标准协议，相互间交换的数据信息应一致，以实现各子系统间的信息透明传输。

4）通信系统

专用无线通信建议采用相同的系统设备供货商，18 号线工程新设一套交换中心，满足 18 号线、19 号线接入的容量。在条件许可情况下，可将同期实施的线路统一招标。

5）控制中心

鉴于互联互通线路在列车跨线运营时需进行管理、调度的切换，因此，18 号线、19 号线的控制中心合设于新苗控制中心内，既可以满足跨线运营调度管理的功能需求，又可实现最大限度的资源共享。

控制中心大楼对各系统工艺布置和安排统一规划、统一预留，实现土建及常规机电设备的资源的共享。

具体的调度大厅调度台及相关设备配置方案如下：

（1）常规调度台设置方案

结合成都轨道交通既有线路的运营习惯，常规调度台配置一般按线路划分，分别为每条线路配置相应的行调台、电调/环调台以及值班主任/维调台，满足本线的运营调度管理要求。

（2）跨线运营调度台配置方案

跨线运营调度台设置方案，在控制中心共用的情况下，推荐采用按专业划分的方式进行设置，将不同线路相同专业的调度席位统一设置，以便于运营人员对跨线运营列车的调度管理，同时还需结合通信、信号、综合监控系统的设备选型是否一致考虑调度台上各类调度设备的配置方案，以满足贯通运营的要求。

由于 18 号线、19 号线信号控制可能采用相同厂商，跨线运营线路可按一套系统来进行统一的设计，因此各调度台仅需配置一套设备就可以满足系统功能要求，设备配置方案与常规线路类似，但需要考虑跨线运营线路的长度情况，增设相应的调度席位。

值班主任/维调台的配置，建议在常规配置的基础上，增设接入线的信号工作站和无线调度台。

5.4.3 列车运行交路

为满足 18 号线、19 号线双机场联络功能，推荐开行如下图所示的跨线运营交路（金星—天府新—简阳南），如图 5-12 所示。

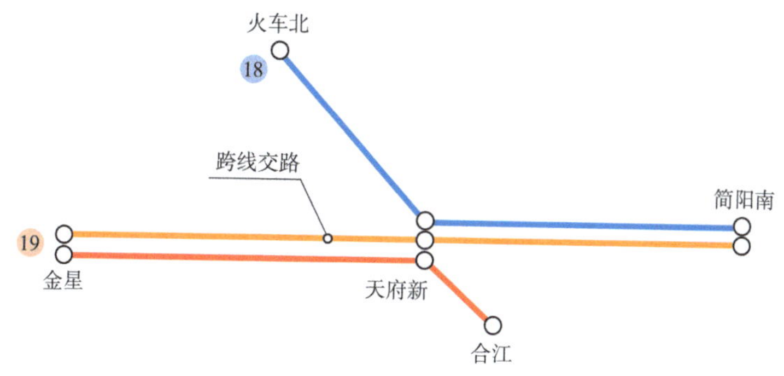

图 5-12　18 号线、19 号线跨线运营规划交路示意图

5.4.4 跨线运营节点

将作为 18 号线、19 号线跨线运营节点车站，天府新站配线设计需满足以下功能：

①18 号线列车的出入段功能；

②18 号线慢车停站，以及小交路折返功能；

③18 号线快车 100km/h 高速通过的功能；

④19 号线列车停靠，以及 18 号线、19 号线共线运营功能。

车站配线设计采用 18 号线在中间，19 号线外包的一岛两侧方案，如图 5-13 所示。

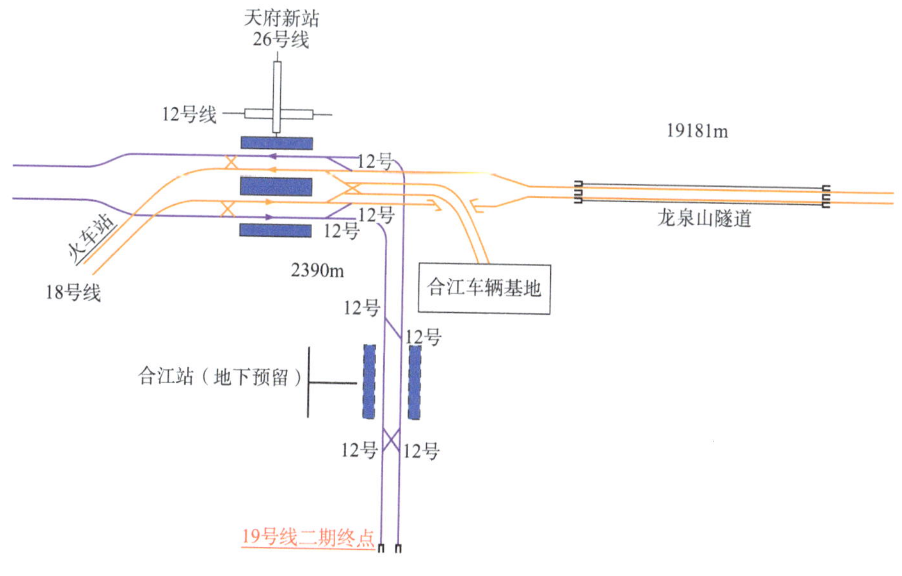

图 5-13　天府新站配线方案

天府新站位于双流区合江镇南天寺社区东侧，东山大道二段北侧，与规划铁路天府新站共址合建。车站为地下两层一岛两侧式站台，19 号线线路在两个侧式站台一侧，18 号线线路在岛式站台两侧。19 号线为侧式站台，18 号线为岛式站台。车站长度为 512m，车站标准段宽为 51.00m；轨面埋深为 -19.00m，底板埋深为 20.86m，顶板覆土 0.80m；站台长 186m，岛式站台宽 13m，侧式站台宽 8m，如图 5-14 所示。

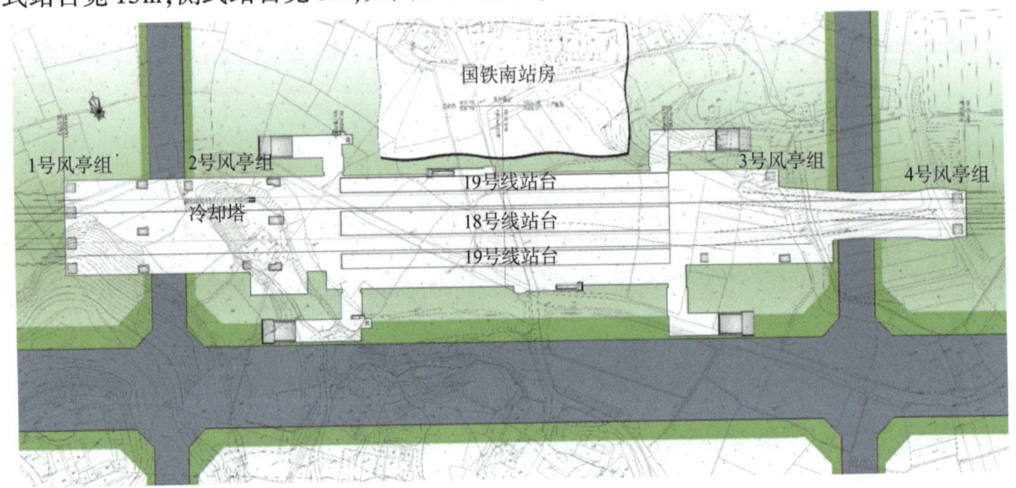

图 5-14　天府新站总平面图

天府新站共设置 4 个出入口，南北各两个主出入口，车站主体站厅范围预留远期改造的接口；车站共设置 11 个消防疏散楼梯间，分别布置在车站顶板规划绿化带内。车站设置 4 组共 10 个风亭，1 号和 2 号风亭组布置在车站西边绿化带内，3 号和 4 号风亭组布置在车站东边绿化带内，车站共设置一组冷却塔布置在车站西南现状绿化带内。

6 超长隧道防灾救援措施

6.1 超长隧道防灾特点分析

根据《地铁快线设计标准》(CJJT 298—2019),在远期高峰小时最高行车密度和系统设计能力条件下,同方向出现2列车追踪运行的区间为长区间,出现3列及以上列车追踪运行的为超长区间,本书将地下超长区间称为超长隧道(长度一般在6km以上)。

随着我国城市轨道交通逐步由中心城区向市域发展,超长隧道区间(大站间距)在市域快轨中越来越多,已出现多个超长隧道区间的案例,如青岛地铁1号线、8号线过海隧道,成都轨道交通18号线龙泉山隧道等。

根据《市域快速轨道交通规划与设计导则》(RISN—TG032—2018)8.2.9条文,针对市域快轨"应尽量避免在同区间、同方向、同时间超过3列车运行"的规定,主要是从发生事故情况下的区间疏散救援角度考虑。当列车发生火灾等重大事故无法自行移动或推送救援移动时,若区间列车太多,需要疏散救援的乘客多,从确保轨道交通运营安全角度考虑是不合理的。相关研究认为,同区间、同方向、同时间若超过3列车运行,会大大增加救援组织难度和救援时间效率,影响到整个隧道的安全运行和恢复运营效率,为此规定不超过3列车。

由于超长隧道存在同时有3列及以上列车在区间运行的情况,给隧道区间防灾救援带来挑战,从国内外城市轨道交通列车灾害事故处理流程来看,列车在隧道内运行过程中出现事故或火灾时都尽可能将列车驶入前方车站,在前方车站疏散乘客,利用前方车站的消防设施灭火和排烟。在列车失去动力无法驶入前方车站情况下,则需采用区间疏散救援。尽管相关设计规范也明确提出了区间疏散的基本要求,但其在系统性、完整性、可操作性等方面仍有不足,因此需要针对超长隧道防灾救援模式做进一步深入研究。

6.1.1 市域快轨超长隧道与运营安全密切相关的技术特征

目前,地下线长大区间往往通过设置区间风井,并由信号设备确保风井—风井间或风井—车站间之间仅有一列车,如广州地铁3号线(国内首条快线)的汉溪站至市桥站特长区间(6173m),在区间中部设置了三个中间风井(含隧道风机),分隔为四个通风区段后可采用常规救援方案。

当超长隧道为过江、过海或过山隧道时，其区间风井设置条件往往受限，在同一防火单元内，存在3列及以上列车追踪又不能设置中间风井的超长区间隧道（长度一般在6km以上），采用全纵向通风方式进行排烟是不可行的，为最大限度确保车辆及人员安全，需要有针对性地研究不同的土建实施方案及防灾救援行车组织措施，这也是本章所要研究的重点。总的来说，相较于普速地铁，市域快轨超长隧道与运营安全密切相关的技术特征如下：

①往往存在多列车追踪运行。目前，针对超长区间疏散，一般采用区间风井、设置轨顶排烟风道和增设射流风机等方法。但当超长隧道区间风井设置条件受限时，同一通风区段内可能存在3列及以上列车追踪运行。

②待救援列车数及乘客规模较大。超长隧道区间发生故障及灾害，当列车失去动力无法驶入前方车站情况下，待救援列车数可能存在3列及以上，需疏散乘客规模大。

③疏散及清障时间较长。超长隧道区间内，最不利情况是列车位于区间中部，造成乘客疏散距离长，给疏散及清障带来困难。

④通风排烟方案难度大。超长隧道区间存在多列车追踪时，采用全纵向通风不能阻止烟气向后续列车扩散，不符合《地铁安全疏散规范》中人烟分离的要求。需要考虑设置专门的顶棚土建风道或独立排烟通道，实现分段纵向式或横向通风排烟模式。

⑤救援疏散设施要求高。大规模乘客疏散对疏散能力提出更高要求。需要考虑设置独立疏散通道、加密联络通道、直达地面逃生通道、应急救援车站等措施，以提高故障、灾害状态下的清障效率，但土建投资较大。

6.1.2 风险源识别

城市轨道交通运营期间的主要灾害为火灾事故、大客流的人群踩踏事故、地铁工程水淹事故、列车脱轨事故等。据近数十年来国内外发生多人伤亡的轨道交通事故不完全统计，绘制出了地铁事故分布图（图6-1）。从图6-1中可以看出火灾事故是威胁地铁安全的主要因素，火灾事故约占地铁事故总数的57%，如图6-2、图6-3所示。

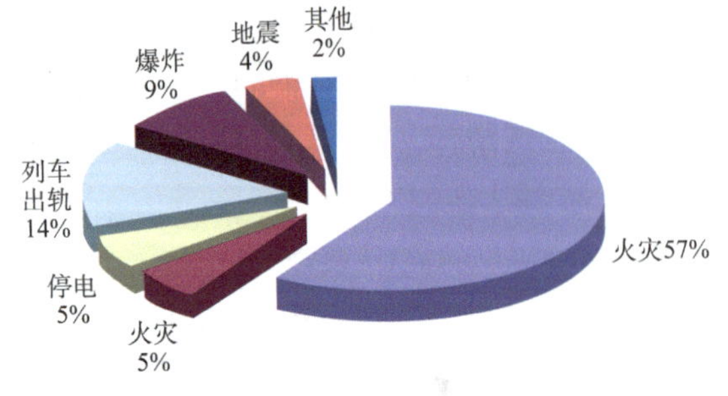

图6-1 城市轨道交通事故分布图

6.1.3 风险应对措施

超长隧道区间问题主要表现为当列车区间发生灾害时，易威胁到本列车和其他列车及乘客安全；当区间需要紧急疏散时，乘客到达车站或出地面比较困难。因此，需要针对不同疏散功能的土建方案研究相应的防灾救援模式，最大限度确保车辆及人员安全。主要技术原则如下：

①符合相关规范要求；

②安全第一,预防为主,兼顾考虑工程实施代价;

③最大限度确保车辆救援及人员疏散的安全、高效、舒适、有序。

图 6-2 香港地铁尖沙咀站火灾

图 6-3 曼哈顿地铁火灾

6.2 超长隧道防灾救援现状

目前,市域快轨超长隧道区间常规防灾救援措施与其他普通隧道区间大体一致,普速地铁救援疏散设施需配备疏散平台、联络通道等。针对超长隧道多列车追踪运行,需在区间中部设置中间风井(含隧道风机),通过中间风井的设置来分隔多个通风区段,避免同一通风区段内列车追踪运行,以提高安全性。

当列车在运行过程中发生火灾时,优先考虑驶向前方车站,在车站组织疏散乘客、排除烟气和灭火。当列车失去动力无法驶向站台而被迫停留在区间隧道内时,有以下四种情况:

①当车头着火时,按行车一致的方向送风,乘客下车后迎风步行至后方疏散点(车站或联络通道)。

②车尾着火时,按行车相反的方向送风,乘客下车后迎风步行至前方疏散点(车站或联络通道),烟气排除方向始终与多数乘客疏散方向相反。

③列车中部着火时,乘客从列车两端头下车后分别步行至前后方疏散点(车站或联络通道),排烟路径按尽量短原则。

④当列车着火位置不清楚时,按与行车一致的方向送风。

市域快轨超长隧道区间防灾救援的国内外类似项目案例如下;

6.2.1 广深港客运专线狮子洋隧道

隧道长度:广深港狮子洋隧道位于广深港客运专线东涌站—虎门站区间,隧道全长10.8km,如图 6-4 所示。

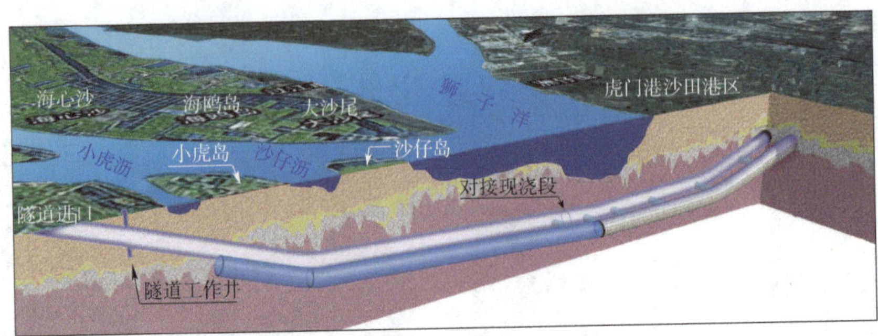

图 6-4　广深港客运专线狮子洋隧道剖视图

隧道断面：双洞单线隧道，如图 6-5 所示。

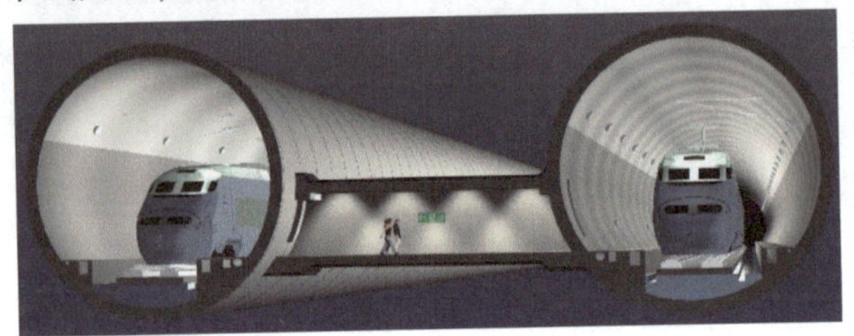

图 6-5　广深港客运专线狮子洋隧道剖视图

疏散救援设施：采用疏散通道（或平台）+联络通道，目前是铁路及地铁越江过海隧道普遍采用的疏散救援模式，如南京地铁越江隧道、武汉地铁越江隧道、长沙地铁越江隧道等。

疏散救援方案：当出现故障及灾害情况时，组织乘客经隧道内疏散平台步行至联络通道，并疏散至非事故隧道（先清空对方隧道），处于临时安全区域。

6.2.2　香港港铁大榄隧道（西铁线）

隧道长度：香港西铁线自荃湾西站至锦上路站，隧道全长 5.5km，设计时速 130km/h，现状运行速度 110km/h，如图 6-6 所示。

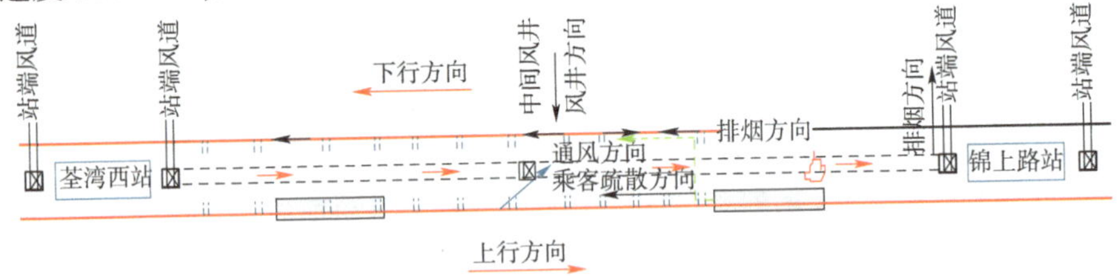

图 6-6　香港港铁大榄隧道示意图

隧道断面：双洞单线隧道。

通风排烟方案：采用纵向排烟方式，两端设通风大楼，保证两风井之间仅有 1 列车运行，双线互为服务。

疏散救援设施：采用疏散通道（或平台）+联络通道，同时隧道中段设有渡线，配合中间风井使用。

疏散救援方案：当隧道区间运行列车处于最不利运行状态时，即第 1 列车车头发生火灾时,中间风井送风,迎风疏散乘客,通过区间横通道疏散至相邻隧道(先清空对方隧道);后续堵塞列车则在首列车疏散完成后,通过渡线在区间折返运行至后方车站,提高后续堵塞列车疏散效率(整列疏散)。

6.2.3 英吉利海峡隧道

隧道长度:英吉利海峡隧道是一条英国通往法国的铁路隧道,位于英国多佛港与法国加来港之间。隧道由 3 条长 51km 的平行隧洞组成,总长度 153km,其中海底段的隧洞长度为 3×38km,是世界第二长的海底隧道及海底段世界最长的铁路隧道,如图 6-7 所示。

隧道断面:双洞单线 + 第三隧道,利用第三隧道进行疏散。两侧为单线单向的铁路隧道,相距 30m,隧道直径 6.6m;中间隧道为辅助隧道,用于上述两隧道的维修和救援工作,直径为 4.8m。

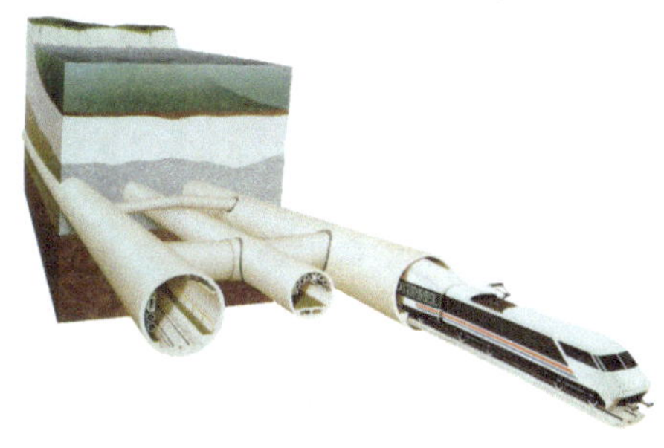
图 6-7 英吉利海峡隧道示意图

疏散救援设施:采用第三通道(或第三空间) + 联络通道的疏散模式,第三隧道承担紧急救援通道和应急疏散安全区域。其中,联络通道设置间距为 375m。目前,大断面公路隧道和长大铁路海底隧道采用该模式的较多,如武汉长江公路隧道、崇明长江公路隧道等。

疏散救援方案:乘客依次经疏散平台、联络通道进入第三隧道,而第三隧道内采用脚轮系统和埋设导引智能系统,可实现救援智能化。同时,在第三隧道的 1/3 和 2/3 处,分别为两侧铁路隧道修建了横向连接隧道,可实现紧急疏散下的列车跨线运行,而不中断整个隧道的运营业务。

6.2.4 日本青函隧道

隧道长度:青函铁路隧道全长 53.85km,海底部分长 23.3km,本州岛陆上部分长 13.55km,北海道岛陆上部分长 16.0km,最小曲线半径 6500m,最大纵坡 12‰,海底段最大水深 140m,如图 6-8 所示。

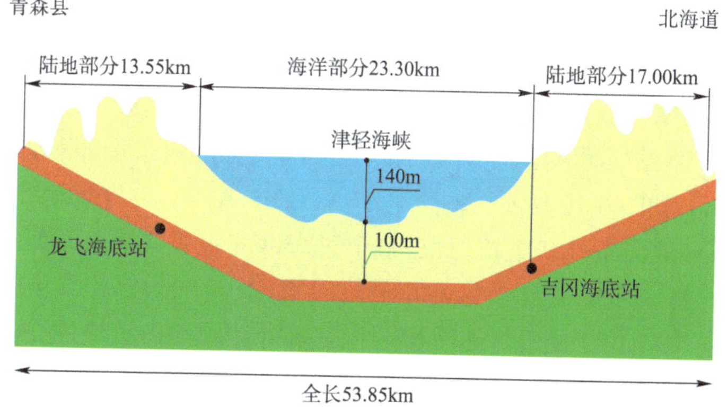

图 6-8 青函隧道纵断面示意图

隧道断面：单洞双线隧道。标准断面宽11.9m、高9m，断面$80m^2$。除主隧道外，还有两条辅助坑道：一条是调查海底地质用的先导坑道；另一条是搬运器材和运出砂石的作业坑道。

区间疏散设施：采用典型的定点救援模式，海底隧道分别设有龙飞海底站和吉冈海底站两座应急救援车站。除主隧道外，还有两条辅助坑道与上述两座海底车站相连。

疏散救援方案：列车运行的主隧道一旦发生事故，人员紧急疏散的路径是沿侧壁通道步行至横向通道，经过辅助坑道到达避难所及应急车站。其中在龙飞"定点"，可乘坐钢缆轨道救援车（定员15人），或者步行均可到达隧道外地面；在吉冈"定点"只有步行疏散通道，未设救援车设备，如图6-9所示。

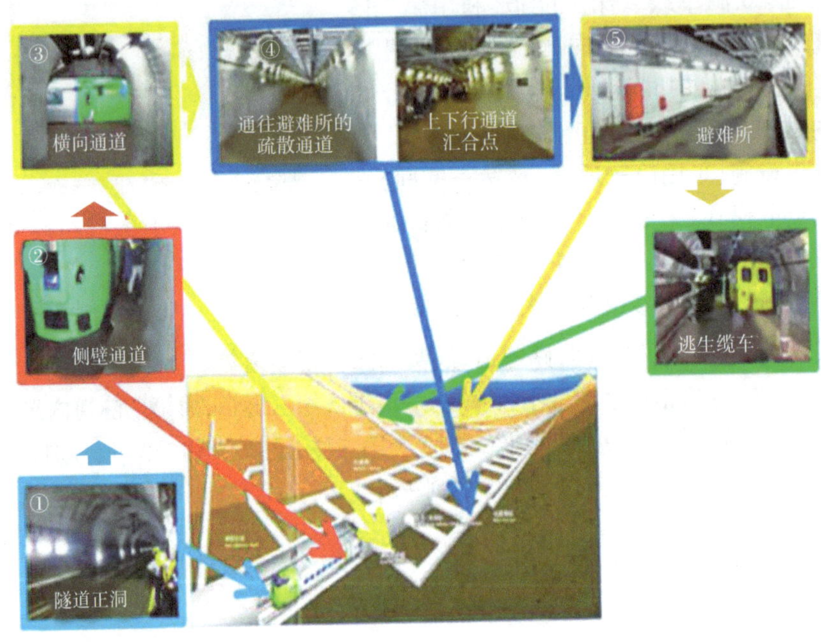

图6-9　青函隧道疏散救援示意图

6.2.5　青岛地铁1号线过海隧道

该项目位于青岛地铁1号线西镇站—瓦屋庄站区间中部，下穿胶州湾连接团岛与薛家岛，跨海区段瓦屋庄站—贵州路站区间长约8.1km，其中海底隧道长约3.5km。远期高峰时段瓦屋庄站至贵州路站区间内同一时刻有3辆列车运行，两车最小行车间距分别为陆域2100m、海域2700m，如图6-10所示。

结合隧道线路、地面条件和车站站位，整个过海区间设置3座区间风井，风井中心里程分别为K15+700（1号风井，位于薛家岛车辆段内），K16+800（2号风井，位于薛家岛岸边）和K20+800（3号风井，位于团岛岸边军事用地院墙外侧绿地内），则除2号风井至3号风井区间存在两列车外，瓦屋庄站至1号风井区间、1号风井至2号风井区间以及3号风井至西镇站区间内远期高峰时段仅有一列车运行，风井布置示意图如图6-11所示。

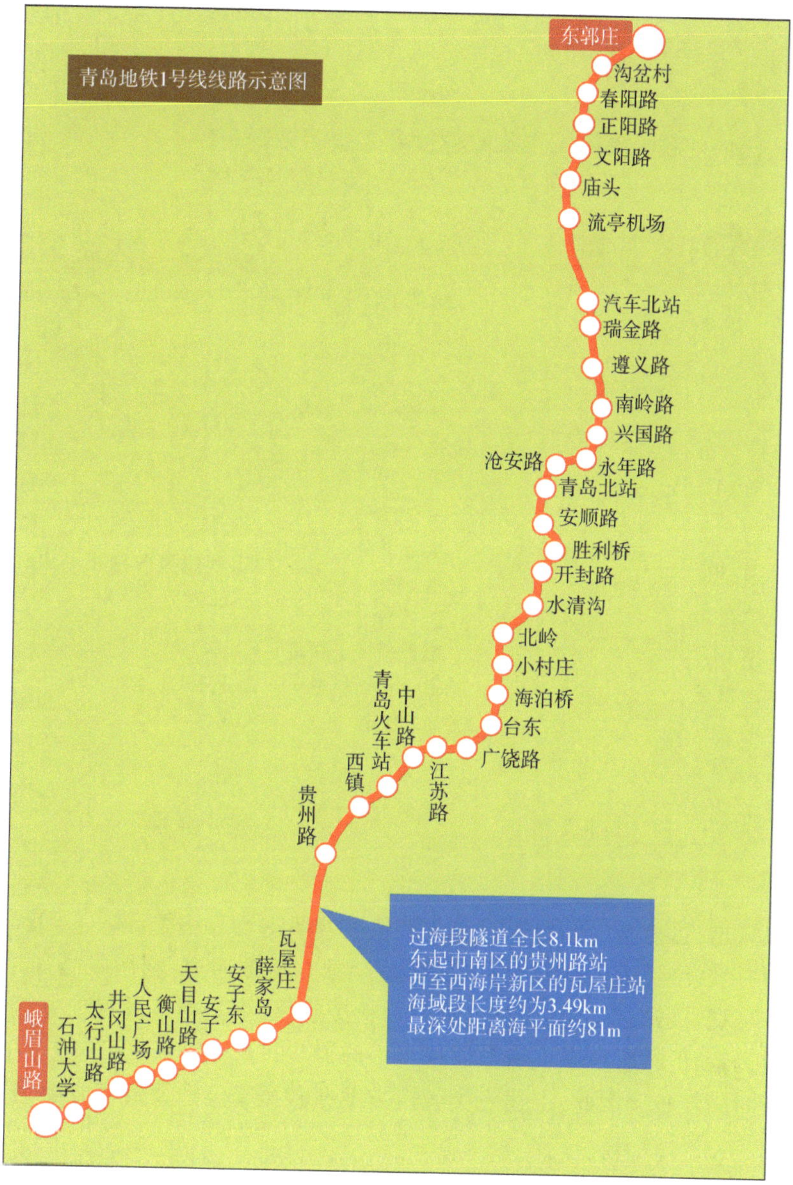

青岛地铁1号线线路示意图

过海段隧道全长8.1km
东起市南区的贵州路站
西至西海岸新区的瓦屋庄站
海域段长度约为3.49km
最深处距离海平面约81m

图 6-10 青岛地铁 1 号线线路方案示意图

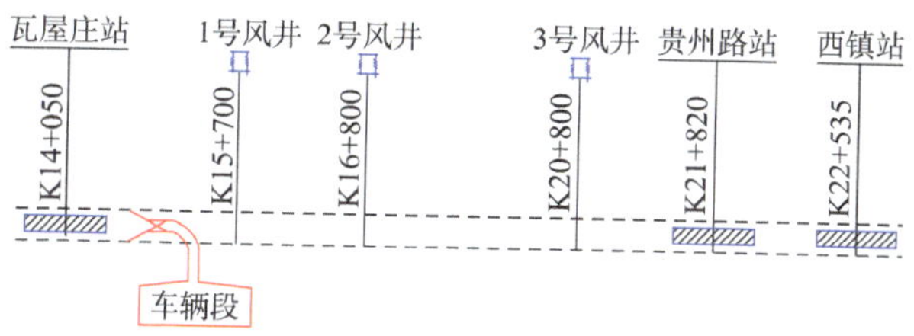

图 6-11 区间风井平面布置示意图

鉴于海底隧道内风井间最多只存在两列车，该研究综合考虑人员疏散安全及土建工程投资，将双洞方案作为火灾人员疏散推荐方案。

6.2.6 现状小结

综上所述,国内外超长隧道工程疏散救援方案总结见表 6-1。

国内外超长隧道工程疏散救援方案对比

表 6-1

隧　道	长度(km)	隧道断面	疏散救援设施	通风方案	疏散救援模式
广深港客运专线狮子洋隧道	10.8	双洞单线	疏散平台 + 联络通道	—	非事故隧道(中断运营)疏散
港铁大榄隧道	5.5	双洞单线	疏散平台 + 联络通道	纵向排烟方式	非事故隧道(中断运营)疏散,事故后续列车经区间渡线折返
英法海峡隧道	39	三洞(双洞单线 + 第三隧道)	疏散平台 + 联络通道 + 第三隧道	分段纵向通风系统,利用服务隧道通风	第三隧道疏散,不中断整个隧道的正常运营
日本青函隧道	23.3	单洞双线 + 辅助坑道	疏散平台 + 联络通道 + 辅助坑道 + 应急救援站	分段纵向通风	应急救援站定点救援模式
青岛地铁 1 号线海底隧道	8.1	双洞单线	疏散平台 + 联络通道	纵向排烟方式	非事故隧道(中断运营)疏散,事故后续列车经区间渡线折返

由此可以看出,目前国内外超长隧道疏散救援方案主要有三类:第一类最常规的是无独立疏散通道,利用联络通道进行救援;第二类是无独立疏散通道,利用联络通道进行救援的同时,设置了应急救援站进行定点救援,提高了救援效率;第三类是设置独立疏散通道,不影响非事故隧道运营,但乘客在独立疏散通道当中通过步行逃离,对于超长隧道中部发生灾害情况下的步行时间较长。因此,上述三类救援方案在救援安全性及效率方面仍存在不足。

6.3 超长隧道区间防灾救援方案

6.3.1 超长隧道区间防灾救援方案设计思路

鉴于常规超长隧道防灾救援模式存在的不足,本书着重针对同一防火单元内,存在 3 列车及以上追踪又不能设置中间风井的超长隧道，通过对比分析不设独立疏散通道以及设独立疏散通道两种方案，为最大限度确保车辆及人员安全，提高救援效率，降低对线路运营的影响，提出了采用独立疏散通道 + 救援站（结合两端风井）的救援模式。

6.3.2 超长隧道应急救援站设置

1）超长隧道救援站设置必要性分析

应急救援站方案属于典型的定点救援模式，为乘客提供了临时疏散集合区域，已在日本JR线青函隧道、我国石太客专太行山隧道应用。超长隧道内应急救援车站，一般由正线停车区域、疏散站台、横通道和横通道内等待区域组成。在城市轨道交通工程中，有条件时可结合隧道内区间竖井的实施为基础进一步扩大而成。

由于超长隧道客流构成上可能含有长途旅客（带行李）、老人、小孩、孕妇等行动较为不便的乘客。当超长隧道灾害事故发生、必须疏散乘客时，要求安全、高效疏散多列车乘客，并体现“人性化”服务，仅靠疏散平台或区间竖井步梯恐难以照顾到行动不便的乘客，同时在疏散效率上也存在不足，容易发生二次事故。综合考虑疏散救援效率及工程代价，可考虑设置应急救援站，利用非事故隧道的列车实施机械化救援。如图 6-12 所示，利用长大区间隧道两端的 1 号、2 号风井设置救援站。

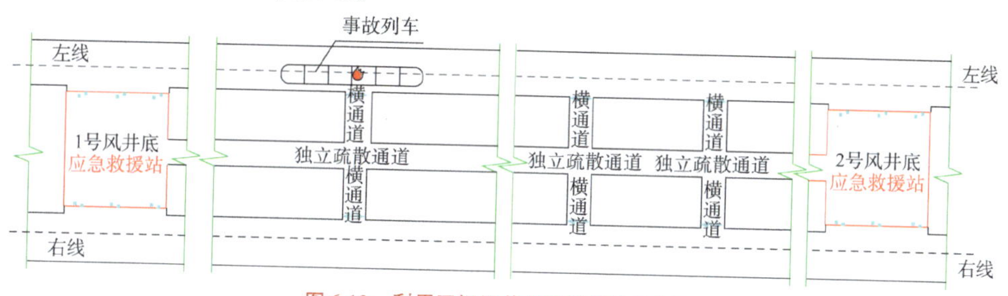

图 6-12 利用区间风井设置救援站示意图

通过借鉴超长铁路隧道设置救援站的概念，在市域快轨超长隧道内设置列车可停靠、人员可集聚的救援站，当超长隧道一侧区间发生故障及灾害时，乘客通过疏散平台、第三疏散通道等设施到达应急救援车站，可等待非事故区间列车实施疏散救援（非事故区间不能断电）或者通过竖井步梯到达地面，能有效减少乘客的疏散距离及疏散时间，如图 6-13 所示。这为地铁防灾疏散提供了一种全新高效的疏散方式，对于有效解决市域快轨超长隧道防灾救援难题意义重大，设置救援站是十分必要的。

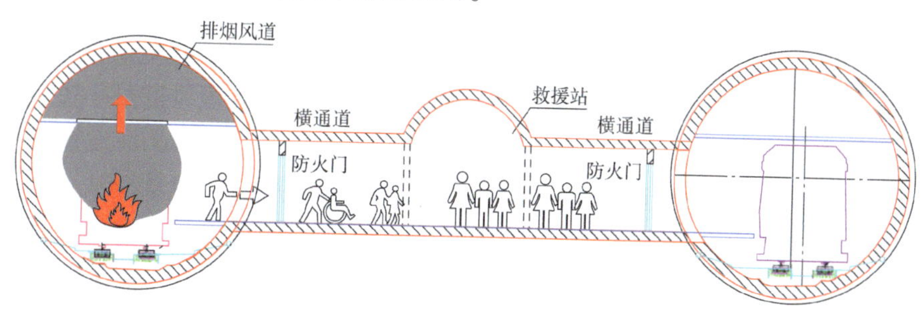

图 6-13 应急救援站人员疏散示意图

2)超长隧道救援站设置可行性分析

按照超长隧道防灾救援功能区分,主要有不设独立疏散通道以及设独立疏散通道两种方案,根据各方案救援站设置可行性及疏散模式分析如下。

(1)不设独立疏散通道方案

火灾模式下,组织乘客从列车下车后,经疏散平台或轨面步行至临时安全区域(风井、车站等)。但即使采用人烟分离速度最快的半横向通风,也不能确保下车人员不进入对侧非事故隧道(若在防火门洞处设置门禁系统,可保证人员不进入对侧隧道,但此时乘客无法快速撤离火灾隧道,因此不满足消防的要求)。为确保人员安全,对侧隧道必须断电停车,如图6-14、图6-15所示。断电后对侧隧道列车无法将救援站聚集的乘客运送至车站,造成救援站的机械救援模式不成立,同时疏散救援列车数及人员数加倍。

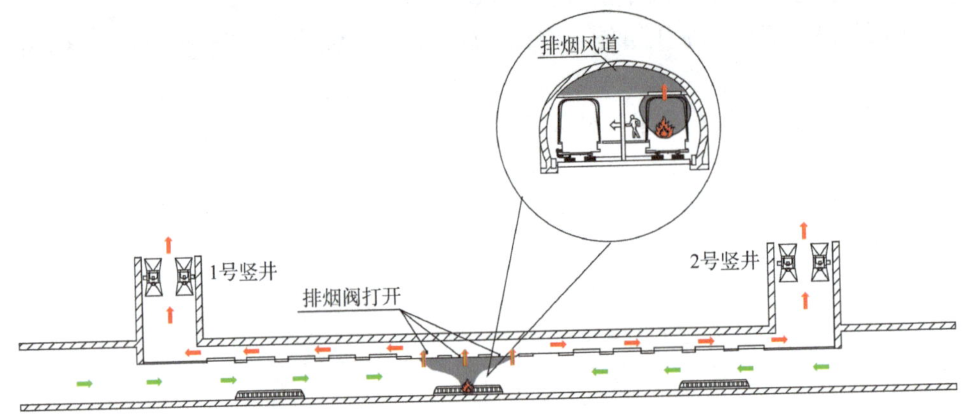

图6-14　单洞双线方案下疏散救援示意图

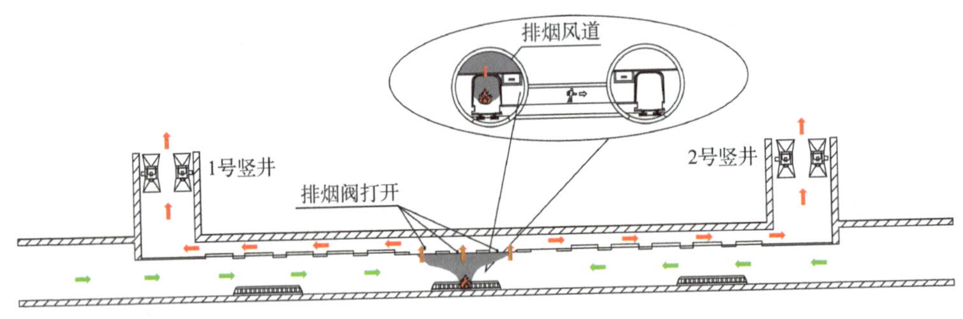

图6-15　双洞单线方案下疏散救援示意图

(2)设独立疏散通道

①双洞单线+独立疏散通道方案。在双洞单线方案基础上增设独立疏散通道,以B型车线路为例,行车方向左侧设宽1.35m/1.5m(圆形隧道在满足轨顶风道最小过风面积8m^{2}的情况下,疏散平台宽度可从1.35m加大到1.5m)的疏散平台,每隔300m设置横向联络通道将两条隧道连通。在超长隧道两端1号风井和2号风井底附近设置救援站,并设置120m长站台,站台主要用于火灾情况下对侧隧道停靠救援列车,方便救援站内需要由救援列车进行救援的人员上车。

当发生火灾及故障时,可组织人员从事故隧道列车下车后,经横通道进入独立疏散通道,进而可纵向疏散到达风井底部的救援站等待救援,或也可通过风井爬梯到达地面安全区域。此时,非事故区间不必断电(通过在独立疏散通道设置防火门和门禁系统,可阻止人员进入非事故侧隧道),事故不影响非事故区间列车的正常运营。该方案下有条件在两端风井处设置救援站,此时到达风井位置(兼救援站)的人员可停留等待对侧列车救援,能有效地减少乘客的步行距离及疏散时间,如图 6-16 所示。

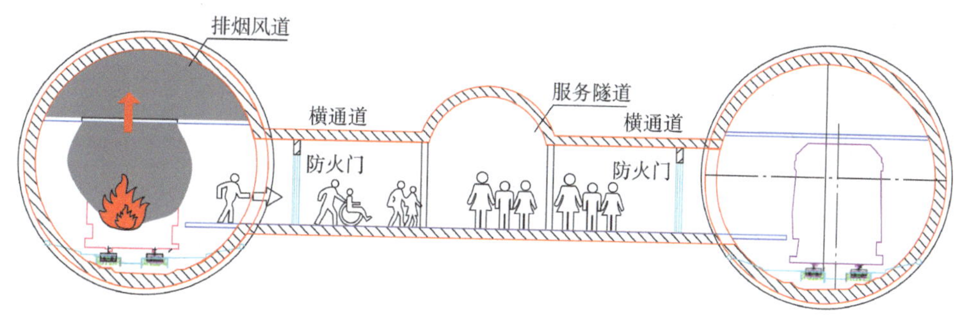

图 6-16 双洞单线 + 独立疏散通道方案断面示意图

②大单洞 + 下部独立疏散通道。大单洞 + 下部独立疏散通道方案在盾构隧道下部空间设置一条专门的服务隧道,用于火灾时人员疏散。行车方向左侧设宽约 1.5m 的疏散平台,每 300m 设置由疏散平台进入下层服务隧道的楼梯或滑梯。1 号风井和 2 号风井底附近设置救援站,如图 6-17 所示。

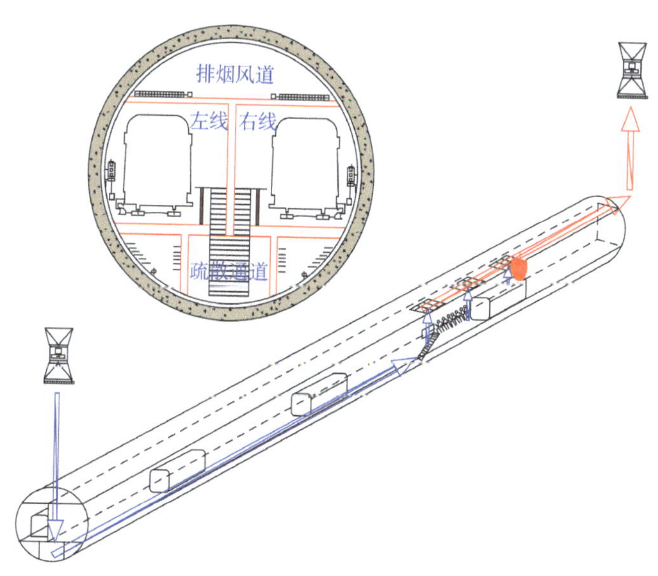

图 6-17 大单洞 + 下部独立疏散通道方案断面示意图

火灾工况下,乘客下车,由疏散平台经疏散楼梯/滑梯撤至下部疏散隧道,然后步行至竖井底部救援站,大部分人员可以经由竖井位置疏散楼梯疏散至地面,年老及体弱者可以在救援站等待对侧隧道的救援列车。

综上所述,“三洞”方案具备设置救援站条件,在超长隧道存在多列车追踪情况下,建议设置救援站提高救援安全性和效率。

6.3.3 超长隧道救援运营措施

1)超长隧道救援疏散原则

超长隧道区段内,可能发生线路故障、列车故障、供电故障及列车火灾等事故,需要组织不同的救援运营方案,本次超长隧道救援研究的基本原则如下:

①优先考虑通过列车自身或其他列车实施救援,能进站须进站。

②列车无法移动时,优先考虑利用本区间隧道或独立疏散通道组织乘客疏散,尽可能不影响非事故区间列车正常运营。

2)超长隧道区间两端车站配线设置及临时交路方案(图 6-18)

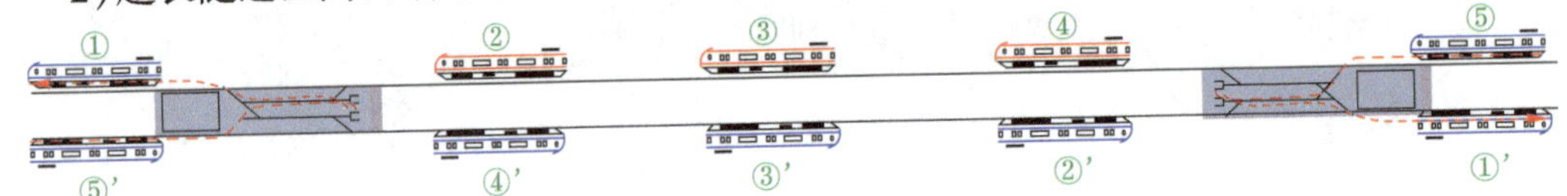

图 6-18 隧道两端车站配线示意图

市域快轨中存在多列车追踪的长大区间隧道,其两端车站配线功能需求如下。

(1)故障车停放功能

为提高超长隧道疏散救援效率,应尽量避免区间疏散,宜采用相邻后续列车正向推进故障列车进入车站停车线。

(2)列车临时折返功能

当超长隧道内发生故障或灾害情况,为避免中断正线运营服务、造成大面积运营影响,需经隧道两端车站组织临时小交路。

因此,建议在超长隧道相邻的车站建议均设置双停车线,同时具备临时折返及停车功能,如图 6-19 所示。

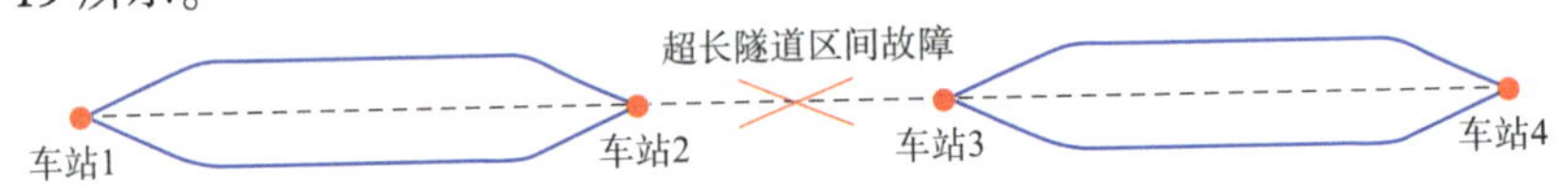

图 6-19 超长隧道区间两端临时交路示意图

3)超长隧道区间中部渡线设置分析

超长隧道中部渡线的设置可在发生故障或灾害情况下,组织故障车后续列车经渡线折返运行,能直接减少超长隧道内待救援列车数量,使运营更加灵活、方便。

但与此同时,由于道岔位于区间中部,增大了管理维护难度,同时双线单洞下还需要对渡线区段通风、供电、土建等专业进行特殊设计,进一步增大了工程投资及难度。隧道区间设置渡线的影响分析见表 6-2。

超长隧道区间设置渡线影响分析表

表 6-2

指标	区间设置渡线的影响
行车	部分列车可通过渡线组织临时折返,减少区间列车救援数量
线路	需在隧道中部设置小于 0.5% 的缓坡

续上表

指标	区间设置渡线的影响
供电	需在渡线两端增加供电分段
通风影响（双洞单线）	区间增设渡线影响通风，需要增设空调系统，或者渡线内部设置射流风机，且射流风机或空调系统需经常处于工作状态，造成用电量大，增加成本
运营维护	正常的高速行车对道岔岔心冲击会造成变形等危害，且区间渡线位于区间中部，距离两端车站较远，养护维修等管理不方便
土建	渡线的设置造成隧道一侧的疏散平台中断，渡线段需做成平交道岔的形式，便于人员行走。同时，在采用双洞单线隧道结构时，交叉渡线的中部位置施工时需要进行左右线合洞，增加土建难度

综上所述，鉴于设置渡线存在一系列问题，在实际应用中需结合运营需求及隧道土建推荐方案对设置渡线做综合技术经济比较。

4）事故列车可移动时的救援方案

在超长隧道区段发生事故且列车仍可移动时，不设独立疏散通道以及独立疏散通道+救援站疏散救援方式基本一致，即优先考虑通过列车自身或其他列车实施救援，并组织列车进站清客。

（1）车辆常规故障可移动下救援方案

①列车运行至最近车站；

②已经进入区间的后续列车采用降级模式运行；

③故障列车站台上清客完成后，行驶至最近停车线或停车场停靠，正线恢复运营。

（2）故障列车损失全部动力

①若后续列车尚未通过后方车站，后续列车在后方车站清客后以限速人工驾驶模式运行到故障列车尾部，将故障列车推送至前方站清客后，再将其送回车辆段或停车线处理。

②若后续列车已经通过后方车站，事故区间采用降级模式组织后续列车运行，后续列车将故障列车推送至前方车站清客后，再将其送回车辆段或停车线处理（车辆需具备满员列车在区间最大坡度处推送满员故障车的能力）。

（3）区间火灾列车可移动下救援方案

当超长隧道区间列车发生火灾，但列车仍可移动时的疏散救援方案如下：

①组织着火列车立即进站清客，并组织灭火；

②如事故列车灭火后仍可自行移动至前方车辆基地或停车线，后续列车采用降级模式运行；

③如事故列车灭火后无法自行移动，由后续列车清客后推送灾害列车至车辆基地或停车线。

5）事故列车不可移动时的救援方案

（1）不设独立疏散通道救援运营方案

①区间常规故障情况。

当超长隧道区段发生列车脱轨及供电故障等情况，且列车不可移动时，需要切断事故区段供电，并迅速组织乘客经本区间隧道疏散，尽可能不影响非事故区间列车正常运营。单洞双线、双洞单线方案下的列车救援及乘客疏散措施如下：

a. 针对事故区间，事故所处同一供电区段需断电，组织乘客经事故侧疏散平台或轨面，沿较近车站或通风竖井出口方向疏散；

b. 非事故区间列车正常运行，事故区间其他供电区段列车可继续前行进站或在通风竖井处疏散乘客；

c. 通知工作人员在相邻车站及通风竖井出口接应乘客；

d. 通知抢险队抢修线路。

②区间火灾情况。

当超长隧道区段发生火灾且列车不可移动时，切断事故区段两侧区间供电，并迅速组织乘客经非事故侧区间疏散（因高温、烟雾等影响乘客安全）。列车救援及乘客疏散措施如下：

a. 事故所处同一供电区段两侧区间立即断电，组织乘客经逃生门或横通道进入非事故侧区间，沿较近车站或通风竖井出口方向疏散；

b. 前方供电区段列车可继续前行进站，后方供电区段可行驶至通风竖井处疏散乘客；

c. 通知工作人员在相邻车站及通风竖井出口接应乘客；

d. 通知抢险队抢修线路。

（2）独立疏散通道 + 救援站救援运营方案

当区间隧道区段发生列车脱轨、供电故障、列车火灾等严重事故，且列车无法移动至车站清客时，需要切断事故区段一侧供电，并组织乘客经独立疏散通道步行至隧道两端应急救援站待避，进而利用非事故侧列车实施疏散救援。列车救援及乘客疏散主要措施如下：

①针对事故区间，事故所处同一供电区段需断电，组织乘客经独立疏散通道步行至两端应急救援车站待避；事故供电区段前行列车可继续前行进站疏散，事故供电区段后续列车组织乘客疏散到达救援站待避，同时可组织部分乘客通过风井爬梯到达地面。

②针对非事故区间，已进入非事故区间列车继续前行，未进入非事故区间的列车在车站清客后，空车前往应急救援站疏散事故区间乘客。

③通知工作人员在相邻车站及通风竖井出口接应乘客。

④通知抢险队抢修线路。

综上所述，当发生事故且列车仍可移动时，不设独立疏散通道以及独立疏散通道 + 救援站救援运营方案基本一致；当发生火灾且列车不能移动时，不同超长隧道疏散方案的主要区别见表 6-3。

不同超长隧道疏散方案对比分析　　表 6-3

指标	不设独立疏散通道	独立疏散通道 + 救援站
是否设置救援站	非事故侧隧道需要断电，列车无法在救援站实施机械救援，因此不设置救援站	非事故侧隧道不需要断电，非事故区间列车可以在救援站疏散乘客，因此可设置救援站
临时安全区域	非事故断电隧道	通风竖井（兼救援站）、独立疏散通道
防火隔烟	两道防火门、防火隔烟效果好	一道防火门、疏散通道加压送风，防火隔烟效果较好

续上表

通风排烟方案	火灾隧道利用顶部排烟道半横向通风排烟，对侧隧道纵向送风，并保证横通道内正压	火灾隧道利用顶部排烟道半横向通风排烟，其余隧道纵向送风，并保证横通道、服务隧道及救援站内正压
疏散方式	经非事故侧隧道步行至通风风井，并通过风井爬梯步行到达地面	经独立疏散通道步行至风井处应急救援站，可等待对侧区间列车救援或通过风井爬梯到达地面
救援列车数及疏散人员数	最不利情况下，供电区段上下行同时断电，需要救援的列车数和乘客数较独立疏散通道方案增加一倍	最不利情况下，供电区段只需事故侧隧道断电，需要救援的列车数和乘客数相比不设独立疏散通道方案减半
超长隧道土建投资	比较基数	增加20%～30%

6)市域快轨超长隧道疏散救援方案研究结论

综上所述，针对同一防火单元内，存在3列及以上列车追踪又不能设置中间风井的超长区间隧道(长度一般在6km以上)，为确保救援方案实施的可行、高效及安全性，主要结论及建议如下：

①故障及灾害模式下，优先考虑通过列车自身或其他列车实施救援，能进站须进站；列车无法移动时，优先考虑利用本区间隧道或独立疏散通道组织乘客疏散，不影响非事故区间列车正常运营。

②列车需具备满员列车在区间最大坡度处推送满员故障车的能力。

③为最大限度确保车辆及人员安全，提高救援效率，降低对线路运营的影响，需采用独立疏散通道+救援站(结合两端风井)的救援模式。

相较于双洞单线及单洞双线方案，独立疏散通道+救援站方案事故区间待救援列车及乘客数均减半，极大降低了灾害情况下对事故区间运营列车和乘客的影响，同时工程投资仅增加20%～30%，性价比较高，可为今后类似工程提供有力借鉴。

7 运营管理

我国城市轨道交通发展至今，基本为大运量、低密度网络的发展模式，市域快轨的规划建设主要集中在一线城市和部分强二线城市，由于发展时间较短，已运营的线路数量有限，运营经验积累较少，针对市域快轨运营管理及运营定员标准理论和实践尚处于持续的探索当中。

市域快轨根据运营管理主体的不同，可以成立专门的市域快轨运营公司负责市域快轨线网运营，也可以由既有的城市轨道交通运营公司兼管。不同运营主体需要考虑票制和售检票系统的兼容性、票务收益清分原则，以及不同票制线路之间换乘模式等问题，但在其他运营管理的具体操作层面实际上并无大的差异。目前，我国的市域快轨运营管理主体一般是既有的轨道交通下属运营公司，从顶层设计管理、人才培养体系、资源共享等多方面角度考虑，市域快轨的运营管理主要沿用既有轨道交通公司运营、检修、维护等工作模式和习惯。

与此同时，由于市域快轨相比传统地铁，具有线路较长、站间距大、速度高、列车周转效率高、车站少、客流总量低等特点，因此如何根据市域快轨特点，在运营管理措施优化调整和运营定员配置标准上进行相应研究是本章需要探讨的问题。

7.1 市域快轨运营管理措施

7.1.1 调度指挥管理

轨道交通线路日常运营主要通过调度指挥体系来完成，轨道交通运营进入网络化时代后，其调度指挥体系建议由“线网级、线路级、现场级”三级组成，其中线网控制中心（COCC）为线网级，各控制中心（OCC）为线路级，各分公司车站、场段、生产部门调度室等为现场级，如图 7-1 所示。

线网级：COCC 行使线网调度指挥权，是生产指挥链的最高指挥机构，主要负责线网运营监控、应急协调指挥、对外联络支援、信息收发管理、运营报表编制等工作。

通常情况下，为集约化管理，提高线网指挥协调管理水平，快线网与普线网合设 COCC。

OCC 负责具体线路的调度控制,直接监控所管辖线路的设备运行。COCC 则在整个城市层面负责协调,调用 OCC 信息,但只监不控,提供数据分析用于整体调度决策,各线路 OCC 是构建 COCC 的基础。如成都轨道交通在崔家店设置了 COCC,负责全线网的调度及协调指挥。

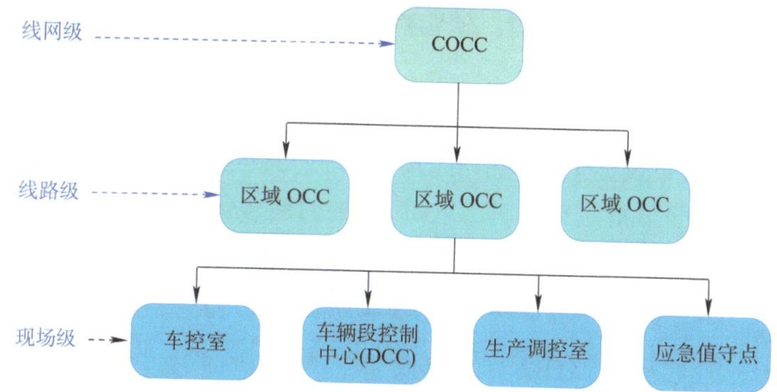

图 7-1 COCC 组织架构

线路级:OCC 行使线路调度指挥权,主要负责所辖线路日常运营、行车指挥、电环监控、故障处置、应急抢险、施工组织等工作。对于市域快轨来说,OCC 可结合场地条件和运营需求,与其他线路合设,以便实现资源集约,少数市域快轨线路由于位置偏远,OCC 也可以单独设置于本线车辆段内。

现场级:车站、场段、生产部门代表所属单位行使现场调度指挥权,主要负责属地管理、场段运作、车站运作、生产组织、现场应急处置、信息报送、接收并执行调度命令等工作。

7.1.2 客运管理

市域快轨由于线路长,跨度大,主要服务外围组团—中心城区通勤、商务、休闲客流,结合行车组织模式,主要从以下方面来分析:

1)快慢车线路客流组织

快慢车运营模式需要在部分越行站设置越行会让线,以供慢车停站待避快车,达到快车不停车快速通过的目的。其中慢车是在全线各站点均有停靠,主要服务于沿线各站点乘客的上下要求;快车则是只在个别重要站点停靠,以服务长途旅客快速出行为目的。在快慢车模式下,客运组织难点分析及应对措施如下:

(1)客运组织难点

①乘客搭乘错误率高,引发投诉。由于错搭乘快慢车或在快车站没有及时换乘,耽误了大量乘车时间进而导致乘客投诉是快慢车运营模式下客运组织面临的主要问题之一。

②换乘站客运压力大。换乘站一般同时也是快车停靠站,客流量大;尤其对于三线以上换乘车站,乘客行走路径复杂,同一条换乘通道兼具多线换乘功能;经同一路径换乘的乘客既有可能是换快车,也有可能换慢车,需求多样化。

③避让时间长容易引起乘客投诉。慢车在运行过程中为避让快车而在站台避靠(原则上为 5min 以内),容易引发乘客不满。若避让站前方车站为快车停靠站时,将增加慢车在该避让站的待避时间,也为避让站站台疏散安全带来风险。

④乘客疏散不畅通容易引发客运危机。乘客因对快慢车运行模式不熟悉，在车站范围内逗留时间延长，延缓乘客疏散速度，造成车站拥堵；在快车停靠站该风险程度更高，如果在客流瓶颈处拥堵，可能会引发客运危机。

⑤快慢车停靠站客运压力不均衡。随着乘客对快车路线的熟悉，快车的需求将增加，从而增大了快车站的客运组织难度。

(2)应对措施

①强化车站信息发布及标识标牌引导。将车站公共区广播区域分区，实现不同广播区域同时播放不同音源，即车站能单独对出入口、换乘通道等区域进行广播。站台视频系统能显示即将陆续进站的至少两趟车开行的快慢车模式和到达等信息，并通过不同颜色或字体大小来区分凸显。同时，适当增加标识标牌，帮助乘客识别。

②强化客流组织，深化客流引导。适当增加站务管理人员，加强客流导向和客流组织，当站台候车乘客较多造成拥挤时，及时启动车站客流控制措施，保障站台客运安全，缓解车站站台拥挤的情况。同时，需对站台或列车进行循环的广播播放提醒。

2)跨线运营客流组织

①由于同侧站台存在多种不同目的地的列车，建议在站台区增加人工疏导，引导乘坐即将到达列车的乘客到站台侧候车，乘坐非即将到达列车的乘客在站台中部等候。

②站台中部适当增加座椅，方便候车乘客使用。

③对于行车间隔较长、客流较大的车站，可增设站厅候车区，将其集中设置于站厅付费区不影响进出流线的位置并配套设置充足的座椅、LED视频、声讯广播及人工提示。引导即将到站列车的乘客到站台候车，非即将到达列车的乘客留在站厅等候区，避免站台层压力过大，造成乘客堆积。

④接驳站点建议采用分站台组织客流的形式。为增大接驳站点的行车能力、客流疏导能力，提升车站服务水平，建议小交路折返设置于接驳站。

3)潮汐客流交路组织

由于市域快轨连接中心城区和外围组团，早晚高峰客流方向一般具有一定的潮汐现象，可利用车辆段(停车场)接轨站、停车线组织单向加车，以便应对潮汐客流需求。这种行车组织模式已在深圳、成都等城市轨道交通线路上得到成熟应用。

潮汐客流交路组织方案在节约车辆购置费、运营成本、场段规模等方面均有优势，可以提高运营效率，是缓解局部高峰客流有效的手段。

7.1.3 乘务管理

1)乘务制度

有人驾驶的市域快轨宜采用轮乘制，以减轻司机劳动强度，减少司机定员人数。还可以改善劳动条件，确保运行安全。

2)乘务用房设置

由于市域快轨线路长，司机劳动强度及压力均很大，因此需推行人性化乘务制度，降低乘务人员的劳动强度,需合理设置乘务管理用房。

场段:标准化司机公寓、更衣室、派班室。

正线:主要包括乘务换乘室、乘务正线出勤室、乘务正线值班室、更衣室、卫生间等。

①乘务换乘室作为乘务员换乘休息房间使用,一般在大、小交路折返站、车辆段(停车场)接轨车站站台上、下行头端公共区设置,如任意相邻两个折返站之间单程驾驶时间超过60min,宜考虑在中间的一处联锁站(或最靠近中间的联锁站)增设乘务换乘室。

②乘务正线出勤室作为乘务员出勤管理房间使用,应尽量与乘务换乘室设在同一车站,除正常在离车辆段(停车场)最近的终点站或折返站设置1处外,长大线路结合线路设计交路设置,可在交通便捷、市区内的车站增设1~2处乘务正线出勤室。

③乘务正线值班室作为乘务员值班房间使用,与乘务正线出勤室配套设置,宜在站厅层与乘务正线出勤室相邻。

7.1.4 票务管理

根据国内各城市轨道交通票价对比信息,市域快轨宜采用按里程计价的递远递减票价方案,以便兼顾长距离出行与短距离出行乘客的利益,以及运营企业利益,实现市域快轨运营的内部利益和外部服务性。

同时,对于机场线等特殊功能线,应制定有别于通勤线路的票价政策,在票价政策上更加灵活多样。如北京大兴机场线拟实行计程限时票制,乘客乘坐大兴机场线一次行程在付费区内最多可停留4h,乘客在车站付费区停留超时的,按大兴机场线普通单程票最低票价补交超时车费。北京大兴机场线设置的票制如下所示:

1)普通单程票

20km(含)以内10元,20~30km(含)25元,30km以上35元。

2)商务单程票

全程单一票价50元。

3)空轨联运票

从大兴机场到港、离港或是中转的乘客,通过航空公司官方渠道购买机票的同时,可优惠购买大兴机场线单程票。一个航段一名乘客仅限购买一张。票价为大兴机场线单程票价(含商务单程票)的80%。

4)区间定期电子计次票

满足机场多次出行人员需求,方便经常使用线路的机场员工等乘客出行,发行区间定期电子计次票。

草桥站—大兴机场站区段:45次票550元、30次票470元、20次票385元。

草桥站—大兴新城站区段:45次票360元、20次票180元。

7.1.5 维修管理

由于市域快轨线路普遍较长,为了保证远端组团的客运服务,通常运营时间较长,如深圳市城市轨道交通11号线晚上12点还需从北端机场站双方向发车，导致夜间检修时间紧张。因此，应进一步优化、精细化检修作业，同时提高设备设施的智能化水平，充分运用现代智能运维技术，压缩检修时间。

1）重点设备检修安排

车辆检修：电客车车辆一般采用综合修制，主要的检修人员有日检班组、月检班组、定修班组、车门班组和深度维修班组，其中日检班组一般采用四班两运转24小时值守，其余班组均为常白班。

车辆设备检修：车辆设备检修主要负责工程车辆及车辆段设备（旋轮设备、洗车机、驾车机等），生产人员以常白班为主，根据实际需求安排夜班。

机电专业：屏蔽门、消防、风水电、装修、电扶梯一般采用委外维护；综合监控自修及门禁系统一般为自修。

工务专业：轨道维护及轨行区结构巡检一般属于委外维护，设备在夜间进行检修。

供电专业：接触网一般为自修，分抢修工班和检修工班，其中抢修工班为白班应急值守和车辆段设备检修，均为白班；检修工班根据实际需求上夜班；高压工班和试验工班一般采用四班两运转24小时值守。

通信信号：通信和信号专业一般设置现场设备工班，采用四班两运转24小时值守。

2）人员组织优化

（1）运营开始前检查时间优化

在运营开始前，可以通过简化相关检查确认项目及流程，合理压缩运营前检查作业时间，既能满足轨道交通正常运营时间要求，也为延长施工天窗争取了宝贵时间。

（2）检修人员请销点流程优化

提前开展检修请销点工作，不耽误检修作业时间；检修人员到达现场后，即与行车调度员通过专用通信设备确认是否可以开始施工检修，进一步提升施工检修效率。

（3）检修人员到位优化

为提高时效性，检修负责人及作业人员可以考虑跟随末班车开行电客车或者工程车的运送检修人员至区间内固定乘降地点，大幅缩短作业人员到位时间。

3）维保组织优化

（1）日常检修的优化

目前各地夜间检修时间一般安排在0:00～4:00之间，对于市区线路正常作业内容一般可在计划时间内完成。但对于市域快轨，由于线路较长，夜间停运检修时间可能出现明显压缩。针对此局面，对作业内容进行细化，在不影响年度检修计划要求的情况下，压缩每晚工作内容，增加周计划、月计划安排，每个项目的作业内容可划分到几个作业点进行施工，完成设备项目的作业内容。

（2）设备、工器具功能的优化

采用智能化及自动化手段，对关键设备进行实时监控，缩短故障查找时间及快速锁定故障范围；对巡视、作业工器具进行优化，增加工作效率。

(3)计划统筹的优化

加强综合检修计划统筹,提高计划利用效率。

(4)设备检修规程的优化

在智能化和自动化监测功能的配合下,优化各项检修、巡视工作。同时,对车辆、接触网、轨道、道岔、信号等重点设备检修及故障检修时间标准进行检查,规范检修及故障检修流程,提高维护效率。

(5)施工作业效率优化

建议在各专业施工过程中尽可能多地安排工程车及自动化设备配合作业,对提升施工作业效率和施工作业质量具有显著效果。

7.1.6 应急处置

1)影响行车的主要故障

根据目前各轨道交通运营公司经验,影响行车的主要设备故障按比例由大到小划分,一般有信号设备故障、机电设备故障、车辆设备故障、供电设备故障以及其他故障等。

对行车有直接影响的常见故障有:信号设备需要降级运行;折返站道岔故障需要人工办理进路;车门故障需要现场切除车门;车门无法正常关闭,需要组织清客;列车故障需要操作安全旁路,组织列车清客、退出服务;列车牵引制动故障需要组织救援;接触网异物或区间异物影响列车通过;接触网失电或线路问题致线路中断,需要组织小交路运行。

2)故障处置原则

影响行车的故障一般按照"先通后复"的原则进行处置,在保证安全的前提下兼顾行车效率,最大限度保证列车运行。

针对非车门类车辆故障,根据不同行车间隔采用相应的故障处置及列车清客原则进行处置。

3)行车组织调整

主要措施有:增加或减少站停时分;始发站提前或延迟开行;扣车;加开或停运;中途折返;备用车顶替;临时限速;大站快车;换乘站不同时到达等。

综上所述,针对市域快轨运营的各项应急处置预案,运营公司需组织各相关人员参加学习培训,加强机务、工务、电务等工种作业人员理论和实际操作培训,经考试合格持证上岗。同时,充分利用试运行期间组织故障模拟和应急演练,提高相关部门对非正常情况的应急处置能力。

4)超长隧道区间救援

市域快轨超长隧道两中间风井间存在多列车情况下的救援方案详见第6章。在超长隧道两中间风井间只有一列车情况下,可采用以下救援方案。

正常救援:因列车故障迫停区间,按既有的救援方式仍然采取后方或前行列车清客后连挂故障车,推进或牵引进就近车站进行故障车清客。

非正常救援:遇接触网失电、安全事件(火灾、爆炸)造成载客列车迫停长大区间时,一是可以采取另一方向列车区间接驳的方式转运乘客；二是组织就近场段工程车前往救援；三是发生影响乘客安全事件须及时组织乘客进行区间疏散，通过疏散平台或长大区间预留疏散通道，及时将乘客疏散到车站或地面。

7.2 市域快轨运营定员标准

7.2.1 相关规范规定

1)《市域(郊)铁路设计规范》(TB 10624—2020)

根据《市域(郊)铁路设计规范》(TB 10624—2020)5.5.1条：应以提高管理效率、精简机构和人员的原则确定运营组织架构。市域快轨运营人员配置指标宜控制在30～40人/km。

2)《市域快速轨道交通规划与设计导则》(RISN—TG032—2018)

根据《市域快速轨道交通规划与设计导则》(RISN—TG032—2018)8.2.10条：本着提高管理效率、精简机构和人员的原则确定运营组织架构，每条线路运营、管理、维修人员配置总指标宜控制在30～40人/km。

3)《市域快速轨道交通设计规范》(T/CCES 2—2017)

根据《市域快速轨道交通设计规范》(T/CCES 2—2017)5.4.2条：应以提高管理效率、精简机构和人员的原则确定运营组织架构。市域快轨运营人员配置指标可控制在30～40人/km。

从以上规范可以看出，市域快轨由于具有平均站间距大、旅行速度较高、列车周转效率高等特点，定员指标相比较常规普线低。[《地铁设计规范》(GB 50157—2013)3.5.4条：首条地铁运营线路的系统运营人员定员不宜超过80人/km。后建的每条线路运营定员指标不宜大于60人/km]。

7.2.2 调度人员配置

行车调度是轨道交通安全行驶的总指挥，主要负责轨道交通运营管理、行车组织的调度指挥、信息收发和通信联络，代表着运营公司行使日常行车指挥和组织运营生产的权利，并按照运营时刻表的要求，实现安全、准时的行车组织，为广大乘客提供优质的运营服务。根据市域快轨线路长度一般比较长的特点，宜在普线基础上适当增设行调人员等。

有人驾驶的市域快轨线路建议OCC设值班主任、行车调度、电力调度、维修调度和信息调度五个岗位，一般每15km左右设置一名行车调度岗位，其他调度岗位按线路条数进行增减，全自动驾驶线路还需增设乘客调度和车辆调度，见表7-1。

OCC人员配置建议表

表7-1

岗位名称	配置标准(人/线)	班制	备注
值班主任	0.5	四班两运转	OCC在两条线路以下时配置1名值班主任，两条线路及以上时配置2名值班主任
行车调度	2～4		30km以下线路每条线配置2人，30km以上线路每条线配置3人，行车间隔3min以下时根据情况增加人员配置
电力调度	2		每条线配置2人
维修调度	0.5		OCC在两条线以下时配1人，每增加两条线时增加1人
信息调度	一个OCC配1人		一个OCC配1人

COCC设值班总调、运行调度、设备调度、线网信息调度四个岗位，见表7-2。

COCC人员配置建议表

表7-2

岗位名称	配置标准(人)	班制	备注
值班总调	1	四班两运转	每班1人，备班1人
运行调度	1		每班1人，备班1人
设备调度	1		每班1人，备班1人
线网信息调度	1		每班1人，备班1人

7.2.3 站务人员配置

车站是轨道交通的基层管理单位和为乘客服务的窗口。加强车站管理，提高服务质量，是保障安全运输的重要环节。随着市域快轨的建设，标志着该城市轨道交通已进入网络化运营阶段。随着运营水平提高，宜集约化车站管理，减少车站管理人员，建议按站区长管理模式，管辖范围一般为10座车站。

正常情况下各车站管理实行层级负责制，由上至下顺序依次为：站区长、值班站长、值班员、站务员，见表7-3、图7-2。

车站人员配置建议表

表7-3

岗位名称	配置标准(人/站)	班制	备注
站务员	9	售票员、站厅岗、站台岗和机动岗	站务员安排在售票岗、站厅巡视岗、站台巡视岗等，车站根据实际需要，可安排扶梯岗、引导岗等
值班员	8	四班两运转	每班1名行车值班员，1名客运值班员，1名备班
值班站长	5		每班1人，1人备班

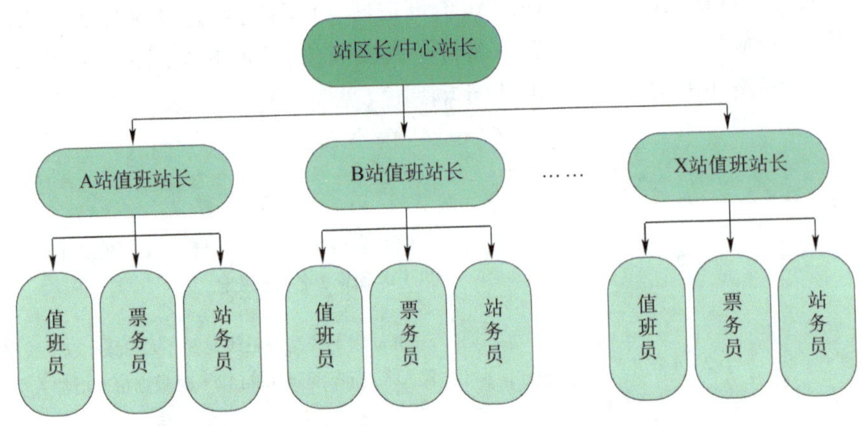

图7-2　车站管理层级示意图

7.2.4　乘务人员配置

根据目前各城市轨道交通线路运营经验，司机作为运营单位最重要岗位之一，劳动强度大、压力大，因此在考虑定员及班制时需充分保证司机休息时间。有人驾驶线路的乘务人员建议配置见表7-4。

乘务人员配置建议表　　表7-4

岗　位	配置标准	班　制	备　注
正线电客车司机	5人/列	四班三运转	运行列车单司机值乘，换乘站增加部分机班满足司机临时休息
场段调车司机	8人/场段	四班两运转	每班2人
工程车司机	9人/场段		每班2人，1人备班
车场调度	5人/场段		每班1人，1人备班
信号楼值班员	9人/场段		每班2人，1人备班
派班调度	5人/场段		每班1人，1人备班

7.2.5　检修人员配置

除上所述，运营公司定员还有车辆、机电、通信信号、工务等检修人员，相关人员配置结合各运营公司自身情况，一般以车站及线路里程为单位进行配置标准的制定。市域快轨应根据天窗作业时间要求，结合检修流程优化方案，合理配置检修人员。表7-5为成都地铁运营有限公司检修人员配置标准。

检修人员配置表

表 7-5

岗位类别	岗位名称	配置标准	备注
机电	电扶梯检修工(委外)	0.2 人/自然站	负责早晚高峰期保驾,故障跟踪、典型故障处理、工单填报、计划申报、委外单位人员到岗到位督查、设备巡视检查、工班台账管理、检修验收、施工安全卡控、临时施工跟岗、设备检查、台账资料管理
	屏蔽门检修工(委外)	0.2 人/自然站	负责早晚高峰期保驾,故障跟踪、典型故障处理、工单填报、计划申报、委外单位人员到岗到位督查、设备巡视检查、工班台账管理、检修验收、施工安全卡控、临时施工跟岗、设备检查、台账资料管理
	风水电设备检修工	0.6 人/自然站/OCC/车辆段/停车场(包括通风空调、给排水、门禁、低压供电)	负责正线及场段门禁、BAS 巡检、维护(自维),以及通风、低压、给排水、装饰装修专业委外管理、指导工作,同时辅助应急
	综合监控工	0.4 人/自然站	主要负责自维检修(停车场、车站综合监控系统季检和年检),配合施工(消防专业季检、年检及年度检修)、技改与零星工程施工和功能测试、外单位作业配合。自维日常检修(设备日检、双周检),门禁授权、日常故障处理,技术台账清理、专项巡检任务(防汛、消防、安全)
	OCC 综合监控工	15 人/控制中心	负责值守、应急处理、故障处理、设备保驾;自维检修(综合监控系统、大屏系统的季检和年检),各线路夜间停送电保驾、系统消缺后中央工程更新、技改与零星工程施工和功能测试、外单位作业配合。自维日常检修(设备日检、双周检),门禁授权、日常故障处理,技术台账清理、专项巡检任务(防汛、消防、安全)
	消防设备检修工(委外)	0.4 人/自然站/OCC/车辆段/停车场	白班负责早晚高峰值守和应急响应、故障跟踪,设备保驾、设备巡检质量检查、外单位白班施工监管、对外消防培训、迎接各级部门的消防安全检查、工单填报、计划申报、设备巡视检查、工班台账管理等;夜班:负责设备故障处理跟踪,计划性检修跟岗,区间设备巡查(必跟),年度检修(必跟)、换乘站季度检修(必跟)及其他站点的计划性检修跟岗、外单位夜间施工跟岗、外部门施工的消防设备防护配合、技改和零星工程功能测试等
	机电调度(含自动化、机电调度)	2.67 人/线	负责自动化、机电专业调度工作
供电	供电调度	1.33 人/线	四班两运转
	供电综合工	1.56 人/自然站	应急点四班两运转,白夜休休倒班;检修人员白班以及按检修作业计划安排
	PSCADA 检修工	0.3 人/km	四班两运转
	接触网检修工	2.2 人/km	

续上表

岗位类别	岗位名称	配置标准	备注
工务	工务调度	1.33 人/线	四班两运转
	工务检修工(委外)	正线 0.12 人/km;1 人/综合基地/车辆段/停车场;每条线 1 名应急人员	
	土建结构检修工(半委外)	0.13 人/km;每 2 条线配置 1 人夜班负责夜间应急	白班、夜班(不倒班)
	轨道探伤工	正线每公里 0.3 人,每个综合基地/车辆段/停车场 1 人	场段长白班、区间夜班(不倒班),1 条线设置 1 个工班。 正线:路轨探伤 6 人一组,每月对全线探伤一遍,每半年对全线焊缝探伤一遍,根据线路长短适当增加人员。
通号	信号调度	1.33 人/线	四班两运转(每 3 条线 4 人)
	通信调度	1.33 人/线	四班两运转(每 3 条线 4 人)
	通信综合工	1.19 人/km	四班两运转
	OCC 检修工	6 人/线	四班两运转
	信号车载工	0.494 人/列车	四班两运转
	信号正线工	1.5 人/km	四班两运转
	信号 ATS 工	6 人/线	四班两运转
	信号基地工	9 人/综合基地/车辆段/停车场	四班两运转
车辆	设备调度(含设备调度组长)	1 人/综合基地/车辆段/停车场	常白班
	设备检修工	9 人/综合基地/车辆段,4 人/停车场	常白班
	设备操作工	8 人/综合基地/车辆段/停车场	常白班
	工程车检修工	8 人/综合基地/车辆段,4 人/停车场	常白班
	车辆检修工(含检修调度及检修调度组长)	3.43 人/列(6 辆编组)	
AFC	AFC 检修工	1.2 人/自然站	四班两运转
	AFC 调度	2 人/线	四班两运转

续上表

岗位类别	岗位名称	配置标准	备注
其他	收益审核员	2人/线	常白班
	车票处理员	2.35人/线	常白班
	客服信息员	2人/线(含延长线)	四班两运转
	库管工	7人/综合基地/车辆段	常白班

资料来源:成都地铁运营有限公司,《运营公司2016—2018年线网组织架构生产岗位人员配置标准》,2017。

7.2.6 市域快轨与地铁普线的定员差异

为对比市域快轨与普速地铁的定员差异,以一条35km的线路进行定员比较,其中设快线的站间距为3km,设站12座、最高运行速度120km/h、旅行速度60km/h;普线的站间距为1.5km、设站25座、最高运行速度80km/h、旅行速度35km/h。主要定员差异在以下三个方面。

1)站务人员

由于市域快轨站间距较大,设站较少,站务人员较普速地铁减少约286人,每公里指标减少约8.2人/km,见表7-6。

站务人员配置表(单位:人)

表7-6

岗位名称	配置标准	普速地铁	市域快轨
站务员	9人/站	225	108
值班员	8人/站	200	96
值班站长	5人/站	125	60
合计		550	264

2)乘务人员

按照30km以上线路布置一段一场,同时市域快轨的旅行速度较高,列车周转效率高,所需的运用车数减少,市域快轨的系统能力按30对/h,运用车数为39列;地铁普线的系统能力按30对/h,运用车数为64列;计算得到乘务人员较普速地铁减少约125人,每公里指标减少约3.6人/km,见表7-7。

乘务人员配置表(单位:人)

表7-7

岗位	配置标准	普速地铁	市域快轨
正线电客车司机	5人/列	320	195
场段调车司机	8人/场段	16	16
工程车司机	9人/场段	18	18
车场调度	5人/场段	10	10
信号楼值班员	9人/场段	18	18
派班调度	5人/场段	10	10

3）检修人员

计算得到检修人员较普速地铁减少约188人，每公里指标减少约5.4人/km，见表7-8。

检修人员配置表（单位：人） 表7-8

岗 位	配置标准	普速地铁	市域快轨
电扶梯检修工	0.2人/自然站	5	3
屏蔽门检修工	0.2人/自然站	5	3
风水电设备检修工	0.6人/自然站/OCC/车辆段/停车场	18	9
综合监控工	0.4人/自然站	10	5
消防设备检修工	0.4人/自然站/OCC/车辆段/停车场	12	6
供电综合工	1.56人/自然站	39	19
信号车载工	0.494人/列	32	16
车辆检修工	3.43人/列	220	107
AFC检修工	1.2人/自然站	30	15
合计		371	183

4）总结

综上所述，采用120km/h最高运行速度目标值的市域快轨较普速地铁的每公里定员指标下降约17.4人/km，参照目前普速地铁运营定员标准，建议市域快轨运营定员指标不宜大于40人/km。目前，已运营的深圳市城市轨道交通11号线为36人/km；已开通试运营的成都轨道交通18号线全线设计定员为31人/km，在试运营阶段实际定员指标约25人/km。

考虑到市域快轨的最高运行速度范围主要为120～160km/h，且近年来轨道交通智能化、自动化水平在逐步提高，运营定员标准有进一步降低的空间，因此，建议市域快轨的运营定员标准按25～35人/km控制，略低于现有规范标准。

7.2.7 市域快轨运营定员标准

1）影响因素

由上述研究可知，影响市域快轨运营定员的因素主要有线路长度、平均站间距、段场数量与最高运行速度，定员指标计算的公式如下：

$$N=\frac{S_{\text{调度}}+S_{\text{站务}}+S_{\text{乘务}}+S_{\text{检修}}+S_{\text{其他}}}{L} \tag{7-1}$$

式中：

N——每公里定员人数，人/km；

$S_{\text{调度}}$、$S_{\text{站务}}$、$S_{\text{乘务}}$、$S_{\text{检修}}$、$S_{\text{其他}}$——分别为调度、站务、乘务、检修、其他行政人员的人数，人；

L——线路长度，km。

(1)调度人员

$$S_{调度}=S_{值班主任}+S_{行调}+S_{电调}+S_{检修}+S_{信息}+S_{COCC} \tag{7-2}$$

调度人员中主要是根据线路长度以及线路条数来进行人员配置,其中行车调度按每15km左右设置1人,其他调度岗位按线路条数进行增减。

(2)站务人员

$$S_{站务}=(q_{站务员}+q_{值班员}+q_{值班站长})\cdot n_{车站数}+S_{站区长} \tag{7-3}$$

式中:$q_{站务员}$、$q_{值班员}$、$q_{值班站长}$——分别为站务员、值班员、值班站长每个站的人数,人/个;

$n_{车站数}=L/l_{平均站间距}+1$——车站数量,个;

$S_{站区长}$——站区长的人数,一般按8~10座车站设置1人站区长和1名副站区长,人。

当线路长度一定时,定员指标为:

$$\frac{S_{站务}}{L}=\frac{(q_{站务员}+q_{值班员}+q_{值班站长})\cdot(L/l_{平均站间距}+1)+S_{站区长}}{L} \tag{7-4}$$

可以看出,平均站间距决定了车站数量,因此站务人员定员指标与平均站间距有关。

(3)乘务人员

$$S_{乘务}=S_{正线司机}+S_{调车司机}+S_{工程车司机}+S_{场调}+S_{信号员}+S_{派班调度} \tag{7-5}$$

$$S_{正线司机}=\frac{2L/v\times 60+T_{折返}}{T_{\min}}\cdot q \tag{7-6}$$

式中:$S_{调车司机}$、$S_{工程车司机}$、$S_{场调}$、$S_{信号员}$、$S_{派班调度}$——分别为调车司机、工程车司机、车场调度、信号楼值班员、派班调度人数,主要与场段数量有关;

v——全线旅行速度,km/h;

$T_{折返}$——两端折返时间合计,min;

$T_{\min}$——最小追踪间隔,min;

q——每列车配属司机数,人/列。

当线路长度一定时,调车司机、工程车司机、车场调度、信号楼值班员和派班调度人数指标主要与场段数量有关,正线司机人员数量指标主要与列车的旅行速度有关。

(4)检修人员

$$S_{检修}=S_{机电}+S_{供电}+S_{工务}+S_{信号}+S_{车辆}+S_{AFC}+S_{其他} \tag{7-7}$$

$$S_{检修}=(q_{电扶梯}+\cdots+q_{屏蔽门})\cdot n_{车站数}+(q_{AFC}+\cdots+q_{信号})\cdot n_{列车数}+(q_{工务调度}+\cdots+q_{信号调度})\cdot n_{线路数}+(q_{设备调度}+\cdots+q_{库管工})\cdot n_{段场数}+(q_{工务检修}+\cdots+q_{接触网})\cdot L \tag{7-8}$$

式中:$S_{机电}$、$S_{供电}$、$S_{工务}$、$S_{信号}$、$S_{车辆}$、S_{AFC}、$S_{其他}$——分别为机电、供电、工务、信号、车辆、AFC检修人员,人;

L——线路长度,km。

检修人员数量与车站数量、列车数量、线路条数、段场数量以及线路长度有关,因此,当线路长度一定时,段场数量也相对固定,此时检修人员数量主要与平均站间距和决定列车数量的旅行速度有关。

(5)小结

综上所述,不同部门定员的影响因素见表7-9。

表7-9

定员影响因素表

指　标	影响因素
调度人员	线路数量、线路长度
站务人员	车站数量
乘务人员	线路长度、旅行速度、段场数量
检修人员	线路长度、车站数量、列车数量、线路条数、段场数量
全线定员指标	最高运行速度、平均站间距

计算全线定员指标为总定员与线路长度的比值,以上指标剔除与线路长度的关系,得到主要影响因素为平均站间距和旅行速度,而最高运行速度和站间距决定了旅行速度的取值,因此,影响市域快轨运营定员指标的因素是最高运行速度和平均站间距。

同时,通过对各部门定员的影响因素进行分析,运用变量控制法对最高运行速度120~160km/h,站间距在3.0~8.0km范围内的市域快轨定员估算指标进行归纳总结,见表7-10、图7-3。

表7-10

市域快轨定员指标估算表(单位:人/km)

最高运行速度(km/h)	站间距(km)					
	3.0	4.0	5.0	6.0	7.0	8.0
120	35	32	—	—	—	—
140	—	31	29	28	—	—
160	—	—	28	27	26	25

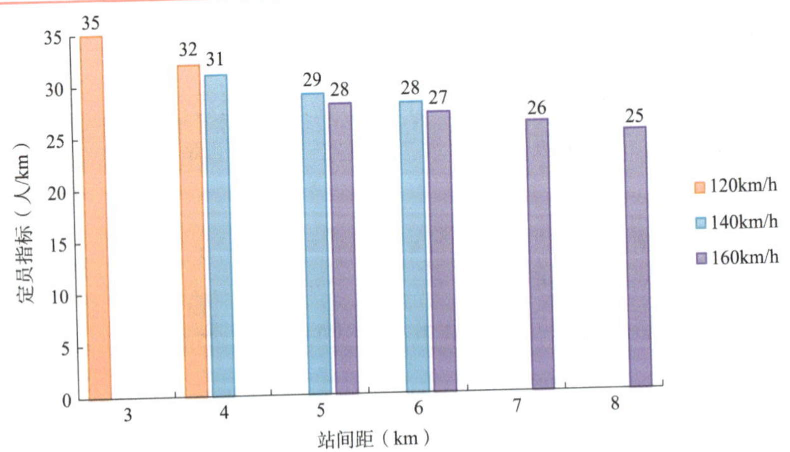

图7-3　市域快轨定员指标图

8 研究结论及展望

8.1 研究结论

本书通过调研国内外已经成功运营的市域快轨案例，充分借鉴其成功经验，并结合本团队所参与的市域快轨设计实践及科研成果，总结出市域快轨行车组织设计关键技术，主要研究结论如下：

1）车辆选型及行车组织设计参数

从设计和运营实践的层面来思考市域快轨车辆选型及最高运行速度、站立标准、列车运行间隔、停车线设计间距、节能坡参数等行车组织设计参数，本书的研究成果、相关案例剖析、思考问题的角度能为市域快轨项目建设的标准制定和运营中遇到的困惑提供解决思路。

2）快慢车模式

根据快、慢车最高运行速度是否相同，快慢车运营模式可以分为等速和不等速两种模式。目前，国内城市轨道交通主要采用等速快慢车模式。不等速快慢车模式在铁路上普遍采用，但在城市轨道交通中应用较少，在我国还没有相关研究成果。目前，我国仅有中铁二院设计在建的成都轨道交通 19 号线这一应用案例。

等速快慢车模式，系统能力损失仅包括快车不停站所节约的时间，快车不停站所节约的时间为 1min（含慢车停站时间）；不等速快慢车模式还包括快慢车在区间的走行时间差，需通过采用列车模拟牵引计算的方式来确定快、慢车运行时间差。不等速快慢车的系统能力损失与快车开行对数、越行点前后快慢车的运行时间差 Δt、越行点数量有关；不同越行区段的 Δt 差异越小，说明越行点的分布越合理；Δt_{max} 越小，说明系统能力损失越小。

快慢车运营模式在限界、站台门、轨道、信号系统、车辆基地等系统配置也会有差异，在今后的设计过程中需加以考虑。

3）跨线运营模式

跨线运营模式适用于不相同线路相同出行目标需求较高、系统能力利用率较低的市域快轨线路。其优点在于减少换乘，为不同 OD 的乘客提供差异化的乘车选择；缺点在于跨线运营时，对进入线路非共线区段系统能力将有所下降，且线网化的运营管理相对复杂。

跨线运营在线网规划阶段，主要是通过统筹规划、顶层设计，提前预留跨线运营节点；在设计阶段，根据不同跨线运营交路形态予以归类，结合工程实际，完善跨线节点的车站配线设计;在招标设计阶段,设计大胆采用同制式的车辆和信号系统,为将来快线网络的跨线运营最大化预留条件。

4)超长隧道防灾救援措施

市域快轨超长隧道往往会存在同时有多列车在区间运行的情况,给隧道区间防灾救援带来挑战,从国内外城市轨道交通列车灾害事故处理流程来看,列车载人疏散是首选。为了最大限度确保车辆及人员安全,提高救援效率,降低对线路运营的影响,针对同一防火单元内,存在3列车及以上追踪又不能设置中间风井的超长隧道(长度一般在6km以上),通过对比分析不设独立疏散通道以及设独立疏散通道两种方案,提出了采用独立疏散通道+救援站(结合两端风井)的救援措施。相较于无独立疏散通道方案,独立疏散通道+救援站的区间故障防灾方案待救援列车及乘客数均减半,大幅减少了事故影响面,而工程投资仅增加20%~30%,性价比较高,可为今后类似工程提供有力借鉴。

5)运营管理配置研究

市域快轨根据运营管理主体的不同,可以成立专门的市域快轨运营公司负责市域快轨线网的运营,也可以由既有的城市轨道交通运营公司兼管。不同运营主体需要考虑票制和售检票系统的兼容性、票务收益清分原则,以及不同票制线路之间换乘模式等问题,但在其他运营管理的具体操作层面实际上并无大的差异。目前,我国新建市域快轨线路的运营管理主体一般是既有的轨道交通运营公司,市域快轨的运营管理建议维持既有轨道交通公司运营、检修、维护等工作模式和习惯,但结合市域快轨特征可做适当的配置优化。

同时,考虑到市域快轨的速度目标值范围主要为120~160km/h,且近年来轨道交通智能化、自动化水平逐步提高,运营定员标准有进一步降低的空间,因此,建议市域快轨的运营定员标准按25~35人/km控制,略低于现有规范标准。

8.2 展望

"十四五"时期,我国城市轨道交通发展进入了新的发展阶段,在坚持稳中求进、高质量发展的目标前提下,《国务院办公厅转发国家发展改革委等单位关于推动都市圈市域(郊)铁路加快发展意见的通知》(国办函〔2020〕116号)提倡积极有序推进都市圈市域(郊)铁路建设,优化大城市功能布局,推进新型城镇化发展。

因此,关于市域快轨行车组织设计理论与方法,除了本书所涉及的主要研究内容外,我们今后将重点结合市域(郊)铁路的技术特点,研究多网融合的行车组织与运营管理设计以及设备系统配置;构建国铁干线、城际铁路、市域(郊)铁路和城市轨道交通相互融合、功能互补、资源共享、便捷换乘的综合轨道交通运输体系;优化运力资源配置,提供公交化运营服务,实现居民出行方便、轨道交通资源共享、四铁互利共赢的交通发展目标。

参考文献

[1] 中铁二院工程集团有限责任公司. 地铁快线设计标准:CJJT 298—2019[S]. 北京:中国建筑工业出版社,2019.

[2] 国家铁路局. 市域(郊)铁路设计规范:TB 10624—2020[S]. 北京:中国铁道出版社有限公司,2020.

[3] 中国土木工程学会. 市域快速轨道交通设计规范:T/CCES 2—2017[S]. 北京:中国建筑工业出版社,2017.

[4] 住房和城乡建设部标准定额研究所. 市域快速轨道交通规划与设计导则:RISN-TG032—2018[S]. 北京:中国建筑工业出版社,2018.

[5] 中国城市轨道交通协会. 市域快轨交通技术规范:T/CAMET 01001—2019[S]. 北京:中国铁道出版社有限公司,2019.

[6] 北京城建设计研究总院有限责任公司,中国地铁工程咨询有限责任公司. 地铁设计规范:GB 50157—2013[S]. 北京:中国建筑工业出版社,2013.

[7] 中国城市轨道交通协会. 城市轨道交通 2020 年度统计和分析报告[R],2021.

[8] 中铁二院工程集团有限责任公司. 重庆江跳线与 5 号线贯通运营专项研究报告[R],2016.

[9] 李彬,叶新晨. 市域(郊)铁路车辆选型研究[J]. 城市交通,2020(01):36-43.

[10] 杨明,过秀成,凌小静,等. 大都市区轨道交通功能分级研究[J]. 江苏城市规划,2014(08):31-36.

[11] 吴奇兵. 城市轨道交通车厢合理立席密度的研究[D]. 北京:北京交通大学,2015.

[12] 沈景炎. 关于车辆定员与拥挤度的探析[J]. 都市快轨交通,2007(05):14-18.

[13] 马波. 城市轨道交通列车故障救援组织优化研究[J]. 交通运输工程与信息学报,2016,14(04):76.

[14] 中铁二院工程集团有限责任公司. 城市轨道交通快慢车行车组织模式研究[院计划13164137(13-15)][R],2015.

[15] 中铁二院工程集团有限责任公司. 市域快线行车组织与运营管理关键技术研究[KYY2018020(18-20)][R],2020.

[16] 向红. 地铁快慢车模式研究体系的建立[J]. 铁道工程学报,2014(08):101-104.

[17] 陈福贵,汤珏. 地铁快慢车模式的系统能力损失原则研究[J]. 铁道工程学报,2014(12):96-100.

[18] 陈福贵,赵壹. 不等速快慢车模式系统能力计算方法研究[J]. 铁道标准设计,2021,65(04):31-35.

[19] 汤珏,陈福贵. 地铁快慢车模式越行点的确定方法. 铁道工程学报,2014,31(10):89-93.

[20] 汤珏,赵壹. 日本筑波快线特点对市域轨道交通规划与建设的启示[J]. 城市建设理论研究,2014(10):11-16.

[21] 缪道平. 地铁快慢车模式车站辅助配线方案研究[J]. 铁道工程学报,2015(06):96-100.

[22] 中铁二院工程集团有限责任公司·成都轨道交通 19 号线二期工程初步设计行车组织篇章[R],2019.

[23] 缪道平、陈福贵、陈阳. 市域快轨超长隧道防灾救援模式研究[J]. 现代城市轨道交通,2021(04):85-90.

[24] 谭小土,赵壹,陈思遐. 成都 18 号线行车组织方案研究[J]. 四川建材,2020(02):163-164.

[25] 谭小土,赵壹,陈福贵. 成都市域轨道交通线网互联互通的创新实践[J]. 城市轨道交通研究,2021(03):112-115.

[26] 徐吉庆. 深圳地铁 13 号线快慢车组合运营方案研究[J]. 城市轨道交通研究,2018(12):47-55.

[27] 陈阳,缪道平,陈福贵. 重庆市轨道交通快慢车运营方案设计研究. 现代城市轨道交通[J],2021(09):76-81.

[28] 陈明亮,陈福贵. 城市轨道交通市域快线节能坡参数研究[J]. 铁道工程学报,2020(04):79-84.

[29] 武剑红,沈砾子. 东京都市圈市郊铁路特点及对我国的启示[J]. 中国铁路,2017(09):13-19.

[30] 中铁二院工程集团有限责任公司. 青岛地铁 2 号线西延海底隧道专题研究报告[R],2018.

[31] 中铁隧道勘测设计院有限公司. 青岛地铁 1 号线过海隧道工程专题研究报告[R],2014.

[32] 姜传治. 北京市域快轨新机场线长大区间防灾救援方案[J]. 都市快轨交通,2016(08):34.

[33] 成都地铁运营有限公司. 关于延时运营的可行性研究及需求分析[R],2019.

[34] 成都地铁运营有限公司. 运营公司 2016—2018 年线网组织架构生产岗位人员配置标准,运营公司新线筹备人员储备时间标准[R],2016.